Margarita Savchenkova

La traducción emocional de la historia

La memoria traumática en la obra de Svetlana Alexiévich

Granada, 2024

Colección indexada en la MLA International Bibliography desde 2005

EDITORIAL COMARES

INTERLINGUA
386

Colección fundada por Emilio Ortega Arjonilla y Pedro San Ginés Aguilar

Colección dirigida por
Ana Belén Martínez López y Pedro San Ginés Aguilar

Comité Científico (Asesor):

Esperanza Alarcón Navío Universidad de Granada
Jesús Baigorri Jalón Universidad de Salamanca
Christian Balliu Isti Bruxelles
Lorenzo Blini Luspio Roma
Anabel Borja Albí Universitat Jaume I de Castellón
Nicolás A. Campos Plaza Universidad de Murcia
Miguel Á. Candel-Mora Universidad Politécnica de Valencia
Ángela Collados Aís Universidad de Granada
Miguel Duro Moreno Universidad de Málaga
Francisco J. García Marcos Universidad de Almería
Gloria Guerrero Ramos Universidad de Málaga
Catalina Jiménez Hurtado Universidad de Granada
Óscar Jiménez Serrano Universidad de Granada
Ángela Larrea Espinar Universidad de Córdoba
Helena Lozano Università di Trieste
Maria Joao Marçalo Universidade de Évora
Javier Martín Párraga Universidad de Córdoba
Francisco Matte Bon Luspio Roma
Antonio Raigón Rodríguez Universidad de Córdoba
Chelo Vargas-Sierra Universidad de Alicante
Mercedes Vella Ramírez Universidad de Córdoba
África Vidal Claramonte Universidad de Salamanca
Gerd Wotjak Universidad de Leipzig

ENVÍO DE PROPUESTAS DE PUBLICACIÓN:

Las propuestas de publicación han de ser remitidas (en archivo adjunto, con formato PDF) a alguna de las siguientes direcciones electrónicas: anabelen.martinez@uco.es, psgines@ugr.es

Antes de aceptar una obra para su publicación en la colección INTERLINGUA, ésta habrá de ser sometida a una revisión anónima por pares. Para llevarla a cabo se contará, inicialmente, con los miembros del comité científico asesor. En casos justificados, se acudirá a otros especialistas de reconocido prestigio en la materia objeto de consideración.

Los autores conocerán el resultado de la evaluación previa en un plazo no superior a 60 días. Una vez aceptada la obra para su publicación en INTERLINGUA (o integradas las modificaciones que se hiciesen constar en el resultado de la evaluación), habrán de dirigirse a la Editorial Comares para iniciar el proceso de edición.

El presente monográfico ha sido posible gracias a las ayudas destinadas a financiar la contratación predoctoral de personal investigador, cofinanciadas por la Junta de Castilla y León y el Fondo Social Europeo (Orden de 21 de diciembre de 2020, de la Consejería de Educación), así como al apoyo del Grupo de Investigación Reconocido TRADIC, de la Universidad de Salamanca. Su autora es investigadora posdoctoral en el Departamento de Traducción e Interpretación (Universidad de Salamanca).

Imagen de portada:
Alexandra Kotlukova

Maquetación:
José Antonio Ruiz García

© Margarita Savchenkova

© Editorial Comares, 2024

Polígono Juncaril • C/ Baza, parcela 208 • 18220 Albolote (Granada) • Tlf.: 958 465 382
www.comares.com • E-mail: libreriacomares@comares.com
facebook.com/Comares • twitter.com/comareseditor • instagram.com/editorialcomares

ISBN: 978-84-1369-773-4 • Depósito legal: Gr. 1427/2024

Impresión y encuadernación: comares

Sumario

Agradecimientos

En primer lugar, me gustaría expresar mi más sincera gratitud a la profesora África Vidal Claramonte por haber sido una guía irremplazable y, con su inspiración, haberme impulsado a vencer mis inseguridades y convertirlas en fortalezas. Este proyecto habría sido imposible sin ella, sin su motivación y su ejemplo.

Asimismo, me siento muy agradecida a todos los profesores del Departamento de Traducción e Interpretación, de quienes he ido aprendiendo tanto sobre el arte de traducir. Sobre todo, agradezco a las profesoras Rosario Martín Ruano e Irene Rodríguez Arcos sus valiosos consejos, así como a las —actuales y antiguas— miembros del GIR TRADIC, compañeras del despacho 41/42 y de andadura predoctoral, quienes han hecho que esta experiencia sea más amena. Por último, quiero dejar constancia de mi profundo aprecio a la profesora Karen Bennett por su cálida acogida durante mi estancia de investigación en la Universidade Nova de Lisboa.

Gracias a todos mis profesores del liceo por haberme enseñado a no tener miedo de pensar diferente. Y, especialmente, a Elena Sokolova, por haberme acompañado en mis primeros pasos en la lengua española.

A mis amigos, Eli, Carla, Daniel, Sara y Alberto, por estar a mi lado tanto en los momentos felices como en los difíciles.

A mis padres, Mila y Alexéi, y a mi abuela, Írochka, por su inmenso apoyo y amor. Por estar siempre cerca a pesar de las distancias físicas.

A Antonio, por regalarme su cariño cada día en este bonito camino que compartimos y comprenderme mejor que nadie. Y a toda su familia, por haber convertido Salamanca en mi hogar.

Y a Salamanca, por haberme enhechizado.

Introducción

En la actualidad, vivimos en tiempos convulsos y cambiantes, en un mundo atravesado por graves conflictos bélicos e ideológicos, que día a día sumergen a la humanidad en una sensación de desesperanza. En medio de esta contemporaneidad confusa y caótica, donde las fronteras dicotómicas entre el bien y el mal se vuelven cada vez más borrosas, los seres humanos tendemos a dirigir nuestra mirada a la historia y buscar en nuestras raíces algún tipo de guía. Ante la incertidumbre del porvenir, nos refugiamos en el pasado como si fuera una fuente inagotable de soluciones, aptas para remediar las calamidades de nuestra época. Sin embargo, en este afán por desentrañar nuestra herencia histórica, cabe preguntarnos en qué versión de la historia nos apoyamos: qué textos utilizamos a la hora de reflexionar sobre lo acontecido, quién los ha producido y con qué intención.

En esta turbulenta era, para evitar binarismos excluyentes, capturar toda la complejidad intrínseca del pasado y extrapolarla al presente, acaso sería mejor escribir las historias —las traducciones de lo real (Vidal Claramonte 2018)— en plural. En contraposición a la Historia única, sueño dorado de cualquier régimen gubernamental, tener múltiples perspectivas sobre los hechos históricos permite no quedarnos atrapados en los confines de un relato que pretende ser la verdad absoluta, emanada de aquellos en el poder. De esta forma, podemos eludir los peligros de la «historia de las cumbres» (Foucault 1975/1979: 87), de una sola historia (Adichie 2009), que perpetúa estereotipos y promueve la narrativa hegemónica, la oficial, la de los vencedores. Al incorporar en la construcción del pasado una polifonía de distintas voces que lo traduzcan con sus matices y sus aristas, nuestra comprensión de los tiempos remotos se enriquecerá de manera significativa.

En este sentido, la traducción se erige como una luz de faro que facilita la navegación por los mares del pasado para revelar tantas interpretaciones suyas como personas en la faz de la tierra. En palabras de Carbonell Cortés y Harding (2018: 1), «translation is fundamental to the development and evolution of cultural identities and traditions, in the establishing of canons and their transformations, as a site of creativity and subversion, or a tool for the powerful and the disempowered». Más allá de operar como un trasvase interlingüístico, bajo el paraguas de las recientes tendencias teóricas de los estudios de traducción, el concepto clave de nuestra disciplina se manifiesta como un fenómeno omnipresente, un ingrediente esencial de toda comunicación y experiencia, siempre en movimiento. Esta noción abierta de traducción con éxito se extiende a otras disciplinas, incluida la historiografía. Así, numerosos investigadores han reconocido la importancia del concepto de traducción en el examen historiográfico: desde los defensores de la historiografía crítica, como Dominick LaCapra (1983/1994; 2009) o Hayden White (1978; 1987/1990), hasta los estudiosos de las últimas corrientes de la traductología, como África Vidal Claramonte (2018), Christopher Rundle (2022) o Theo Hermans (2022).

El presente monográfico sigue esta estela y aspira a profundizar en el entendimiento del proceso traslativo de la historia al reflexionar sobre el papel del trauma y las emociones en su desarrollo. Partimos de la hipótesis de que los textos históricos pueden concebirse como traducciones de la realidad, capaces de ofrecer una gran variedad de reescrituras del pasado y, a través del prisma de la memoria traumática, exponerlo como una experiencia emocional. En este contexto, la narrativa histórica de índole traumática constituye el principal objeto de estudio de nuestra investigación.

Para verificar esta hipótesis, nos respaldaremos en un corpus de textos compuesto por cinco obras de Svetlana Alexiévich, laureada con el Premio Nobel de Literatura en el año 2015: *U vojny ne ženskoe lico* [*La guerra no tiene rostro de la mujer*] (1984/2016); *Poslednie svideteli* [*Últimos testigos*] (1985/2016); *Cinkovye mal'čiki* [*Los muchachos de zinc*] (1990/2022); *Černobyl'skaja molitva* [*Voces de Chernóbil*] (1997/2016); y *Vremja sekond hènd* [*El fin del «Homo sovieticus»*] (2013/2019)[1]. Originalmente redactados en ruso, estos libros conforman el ciclo conocido como *Golosa Utopii* [*Voces de la Utopía*]. Se basan en entrevistas realizadas a (antiguos) ciudadanos soviéticos, quienes relatan historias de sus vidas marcadas por el pasado de la URSS. En sus testimonios, estos testigos —previamente silenciados por el poder— comparten recuerdos cargados de emociones profundas y traumas que aún los afectan. Hemos escogido este corpus debido a que la experiencia emocional vinculada a la memoria traumática configura el eje de la pentalogía, lo cual nos permite identificar una serie de herramientas traductoras que tanto la autora como sus confidentes emplean para traducir la historia de una forma que contrasta con la versión oficial.

Con ello, el objetivo principal de esta investigación consiste en aplicar el concepto de traducción al examen de la obra de Svetlana Alexiévich, en consonancia con las últimas corrientes traductológicas que apuestan por la apertura epistemológica de nuestra disciplina y promueven su carácter interdisciplinar. Nuestro propósito radica en mostrar que un análisis traductológico cualitativo de la narrativa histórica centrada en el trauma ayuda a enriquecerla con nuevas interpretaciones y descubrir la presencia de la práctica traductora a nivel multidimensional.

---

[1]   Con el propósito de facilitar la lectura del presente monográfico, hemos optado por referirnos a los títulos de las obras de Alexiévich tal como se conocen en España.

Al mismo tiempo, respecto a los objetivos secundarios, podemos agruparlos en dos categorías: sociales y académicos. En cuanto a los primeros, nuestro estudio procura fomentar la importancia de entender la historia en su pluralidad, escuchar diferentes voces que arrojan luz sobre el pasado y abordar cada una de estas traducciones con responsabilidad ética. En el ámbito académico, buscamos contribuir a la metodología de la investigación interdisciplinar que explora la intersección entre la traducción y la historia, al incluir en su seno una gama de conceptos como el trauma, las emociones, la experiencia, las percepciones sensoriales y los objetos.

A fin de alcanzar los objetivos establecidos, recurriremos a la metodología interdisciplinar que se nutre de teorías y modelos provenientes de un amplio abanico de disciplinas, tales como la traductología, la historiografía, la filosofía, los estudios de memoria, la antropología, la psicología, los estudios literarios y la semiótica, entre otras. A modo de introducción, en pos de comprender mejor las raíces del pensamiento contemporáneo sobre la traducción y la historia, llevaremos a cabo un repaso de las ideas posestructuralistas y deconstructivistas: nos ayudarán a resaltar la relevancia del lenguaje en la construcción de la realidad, en la manifestación de los mecanismos del poder y en la atribución de diversos significados a cada narrativa. Estas aportaciones sentarán las bases teórico-metodológicas iniciales, sobre las cuales se erigirán dos pilares de nuestra investigación: la omnipresencia del proceso traductor y la concepción de la historia como traducción de lo real.

Para ahondar en la naturaleza ubicua de la traducción (Blumczynski 2016) y diagnosticar el entendimiento actual del acto traslativo, realizaremos un análisis que abarcará recientes cambios paradigmáticos en nuestra disciplina, como el giro traductológico (Bachmann-Medick 2009, 2013), el *outward turn* (Bassnett y Johnston 2019), el giro material (Littau 2011, 2016), entre otros. Mediante la incorporación de conceptos como la ubicuidad (Blumczynski 2016), la postraducción (Gentzler 2017; Nergaard y Arduini 2011), la experiencia y las percepciones sensoriales (Blumczynski 2023a; Campbell y Vidal 2019a, 2019b; Vidal Claramonte 2025), los objetos (Ciribuco y O'Connor 2022; Simon y Polezzi 2022; Vidal Claramonte 2024) y las emociones (Ahmed 2004/2014; Pernau y Rajamani 2016; Petrilli 2022, 2023), buscamos elucidar nuestro entendimiento de la noción de traducción y determinar qué definición de traducción se empleará en la presente investigación.

Otro campo fundamental para el desarrollo de nuestro estudio es la historia, en especial aquellas teorías que proponen enfoques innovadores dentro de esta área de conocimiento. Guiados por los historiadores y los filósofos de renombre como De Certeau (1975/2006; 1986), Foucault (1971/1979; 1975/1979), Jenkins (1991/2003), LaCapra (1985; 2004), Munslow (2012) y White (1978; 1987/1990), nos sumergiremos en el mundo de la historiografía crítica. Gracias a los trabajos de estos teóricos, estableceremos un paralelismo entre el concepto de historia y el de traducción, y mostraremos que ambos están intrínsecamente ligados, constituyen interpretaciones de la realidad (Vidal Claramonte 2018) y no pueden abordarse desde una sola óptica (Adichie 2009). Además, profundizaremos en cuestiones relativas a la memoria y el trauma para ofrecer una visión de los dos fenómenos desde una perspectiva de traducción en su sentido más amplio.

Al definir los conceptos pertinentes y obtener los instrumentos necesarios para construir el marco teórico-metodológico, vaciaremos el corpus seleccionado con miras a detectar la presencia multidimensional de la traducción. Asimismo, reflexionaremos sobre las herramientas empleadas por la autora para traducir la historia soviética como un intrincado mosaico de experiencias emocionales. Con la intención de completar nuestro análisis traductológico de la obra de Alexiévich, nos apoyaremos en estudios filológicos que vislumbran toda una serie de debates en torno a la clasificación de su pentalogía dentro del ámbito literario. Adoptar la mirada traductora posibilitará nuestro acercamiento a sus textos de manera novedosa, lo cual, a su vez, generará nuevas lecturas sobre la dimensión ética de estos escritos.

A la vista de lo explicado, procederemos a estructurar el monográfico de la siguiente forma: los primeros tres capítulos recogerán conceptos imprescindibles para nuestra investigación y servirán para edificar un fundamento teórico-metodológico interdisciplinar que se aplicará en el análisis del corpus presentado en el cuarto capítulo. Así, en el capítulo de partida, exploraremos las aportaciones posestructuralistas y la teoría de la deconstrucción, cuyos postulados han permeado la base de varias disciplinas, incluidas los estudios de traducción (véase Martín Ruano 2022b) y la historia (véase White 1978, 1987/1990).

Partiremos de la premisa de que la realidad se configura a través del lenguaje, de ahí que las nociones de una realidad objetiva o una verdad absoluta sean un espejismo. Del mismo modo, el lenguaje nunca puede considerarse neutro, ya que siempre posee una carga ideológica que, por su parte, entraña una intrínseca relación con el ejercicio del poder. Los enfoques posestructuralistas ponen de manifiesto la constante inestabilidad y la multiplicidad de significados, condicionados tanto por el contexto ideológico en el que se desenvuelven como por el receptor del mensaje, quien se convierte en su auténtico autor. Abierto a una amplia variedad de lecturas, este mensaje se conforma por intertextualidades y huellas de otros textos, lo cual resalta su naturaleza repetitiva y, por ende, cuestiona su originalidad (Vidal Claramonte 2023). Entre los numerosos autores que hemos consultado para desarrollar estas afirmaciones, destacan Barthes (1957/1999; 1984/1994), Bourdieu (1985/2001), Eco (1962/1990), Derrida (1967/1986; 1994; 2000a), Foucault (1969/2002; 1976a/1979; 1976b/1979), Hutcheon (1989), Kristeva (1967/1997) y Potter (1996/2004).

La idea de la desacralización del original surge como punto de partida para introducir en nuestro estudio, de la mano de Derrida (1982/1985; 1985), el concepto de traducción, pieza clave en su teoría deconstructivista. En los escritos derridianos, la traducción abandona su tradicional estatus marginal para emerger como un proceso de transformación, un reconocimiento de las diferencias, una experiencia de hospitalidad y un medio que facilita la supervivencia del original (véase Benjamin 1923/1996). Estos postulados nos resultarán de especial utilidad para justificar la relevancia de la perspectiva traductológica en nuestro trabajo. Al mismo tiempo, actuarán como puente hacia el próximo capítulo, dedicado al desarrollo de la noción de traducción.

Así, en el segundo capítulo, nos centraremos en el reconocimiento de la ubicuidad del proceso traductor (Blumczynski 2016) a nivel interdisciplinar tras el *outward turn* (Bassnett y Johnston 2019), que ha significado una apertura definitiva de la traductología hacia otros campos del saber. Para ello, nos respaldaremos en las publicaciones de Bachmann-Medick (2009), Bassnett (2011/2014), Bassnett y Johnston (2019), Blumczynski (2016), Gentzler (2017), Marais (2023), Nergaard y Arduini (2011), y Vidal Claramonte (2022), por nombrar solo a algunos.

La perspectiva aperturista de nuestra disciplina ha permitido ampliar el concepto de traducción y presentarla como un fenómeno sumamente complejo, que se imbrica en cada acto comunicativo y trasciende el ámbito (inter)lingüístico. Con el objetivo de ilustrar la omnipresencia de la práctica traslativa, nos basaremos en la teoría de la postraducción (Gentzler 2017; Nergaard y Arduini 2011) y en la noción de ubicuidad de la traducción (Blumczynski 2016). Debido a su carácter ubicuo, la traducción se plasma en un constante movimiento. Además, actúa como un motor para la continua creación de significados, un proceso que involucra a todos los seres vivos (Marais 2019) y los dota de la experiencia de *translationality*, «the experience of connecting with another reality across temporal and spatial distance through material, sensory mediation» (Blumczynski 2023a: 6), una emergencia transformativa creada a través de diversas interacciones (Robinson 2017: x).

Asimismo, aplicaremos a nuestra comprensión de la traducción la esencia que entraña su raíz etimológica, *translatio*: transferencia tanto de conocimientos como de objetos, ya sea en un sentido físico o metafórico (Bennett 2023; Bertacco 2023; Blumczynski 2023a; Vidal Claramonte 2024). En este contexto, recurriremos a las corrientes más actuales de la traductología que aborden la capacidad de los objetos para traducir y traducirse (Beattie, Bertacco y Soldat-Jaffe 2023; Ciribuco y O'Connor 2022; Simon y Polezzi 2022; Vidal Claramonte 2024). Por otro lado, nos centraremos en la dimensión traslativa de los sentidos y en la naturaleza experiencial inherente a la actividad traductora (Blumczynski 2023a; Campbell y Vidal 2019a, 2019b; Vidal Claramonte 2025). Por último, estableceremos analogías entre el concepto de traducción y el de emociones para manifestar su intrínseca conexión epistemológica (Koskinen 2020; Pernau y Rajamani 2016; Petrilli 2022, 2023).

En el tercer capítulo, exploraremos las cuestiones relativas a la historia y la memoria a fin de ofrecer una reinterpretación de ambos fenómenos desde una óptica traductológica. Así, nos adentraremos en el entendimiento de la historia antes del giro lingüístico y la profunda reconsideración de su índole a raíz de los postulados posestructuralistas. El carácter lingüístico de los relatos históricos nos impide acceder al pasado «tal como fue»; solo podemos acercarnos a historias, siempre variadas y subjetivas, constructos del ser humano. Para el análisis sobre la naturaleza de la historia, nos serán de particular interés los estudios de Foucault (1969/2002; 1975/1979), Jenkins (1991/2003) LaCapra (1985; 2004), Munslow (2012; 2017), Ricoeur (2000/2004) y White (1978; 1987/1990), entre muchos otros teóricos.

Como también dilucidaremos en este capítulo, la memoria ocupa un lugar fundamental en las nuevas narrativas sobre el pasado. Presentaremos una serie de reflexiones sobre los mecanismos del proceso mnemónico y las diversas fuentes que lo nutren y lo activan. Tras un exhaustivo examen de este tema, nos acercaremos a la memoria traumática y la posmemoria para destacar las características distintivas de estos dos tipos de memoria. En este sentido, pondremos especial énfasis en el estudio del trauma y sus impactos emocionales. Con miras a construir el marco teórico relativo a lo mnemónico, nos valdremos de los escritos a cargo de Aleida Assmann (2006; 2008a; 2008b), Jan Assmann (1992/2011), Hirsch (1997/2002), LaCapra (2001/2014), Laub (1992b), Pillen (2016) y Van der Kolk (2014), entre muchos otros autores que representan varias disciplinas.

Una vez establecidos los fundamentos teóricos en lo que respecta a la historia y la memoria, avanzaremos hacia el cierre del tercer capítulo mediante una reflexión sobre cómo el concepto de traducción puede enriquecer el estudio del pasado. A saber, después de revisar las principales publicaciones que analizan la intersección entre la historia y la traducción (véase Hermans 2022; Rundle 2022), nos aproximaremos a la idea de la historia como traducción de lo real, llevada a la traductología por Vidal Claramonte (2018) a partir de la historiografía crítica, y su aplicación en las recientes investigaciones.

A continuación, subrayaremos la importancia del concepto de traducción a la hora de reflexionar sobre la memoria y, en particular, la memoria traumática. Así, detallaremos por qué la traducción puede concebirse como un verdadero antídoto contra el trauma. Con todo, examinaremos la relación entre la memoria y la traducción de la mano de Bassnett (2024), Brodzki (2007), Deane-Cox (2013; 2017), Deane-Cox y Spiessens (2022a), Hron (2009), McKenzie (2021), Radstone y Wilson (2021a), Simon y Polezzi (2022) y Violi (2014/2017), por nombrar solo a algunos.

En el último capítulo del monográfico, nos centraremos en el análisis del corpus escogido: *Voces de la Utopía*, de Svetlana Alexiévich. Tras realizar un breve recorrido por la trayectoria biográfica de la autora y caracterizar cada uno de sus libros, así como resaltar los motivos que los conectan, abordaremos el debate sobre la atribución de la pentalogía a un género literario específico. Para ello, acudiremos a las investigaciones que buscan desentrañar el carácter de la obra de Alexiévich (véase Hniadzko 2018; Karpusheva 2020; Lindbladh 2017, entre muchos otros). Al finalizar esta parte, cotejaremos el corpus para visibilizar la presencia de la traducción como un hilo conductor, que trasluce en varios niveles del texto: 1) la autotraducción, realizada por los testigos; 2) la traducción y las subsiguientes retraducciones, efectuadas por Alexiévich al traducir los relatos orales al formato literario; y 3) la nueva traducción del pasado que experimenta el lector en el momento de sumergirse en esta narrativa.

Mostraremos que el eje central del método de trabajo de Alexiévich reside en las emociones en su sentido más amplio. Por consiguiente, la escritora aborda la traducción de la historia soviética como una secuencia de experiencias emocionales impregnadas por la memoria traumática. Es decir, construye una traducción emocional, una interpretación de la realidad que se media por los sentidos y las emociones en movimiento, y entraña un componente experiencial.

Después de explorar *Voces de la Utopía*, identificaremos las siguientes estrategias en las que tanto la escritora como sus entrevistados se basan para traducir la experiencia emocional: 1) recurrir a los efectos de oralidad en la escritura; 2) destacar la influencia del trauma en los testimonios; 3) hacer hincapié en las percepciones sensoriales; y 4) realzar el valor afectivo de los objetos. Estudiaremos cómo la autora lleva a cabo esta traducción emocional mediante ejemplos ilustrativos extraídos de la pentalogía. Así, analizaremos los cinco volúmenes que conforman el ciclo desde una óptica traductora, al tiempo que compararemos la primera y la última edición de *La guerra no tiene rostro de mujer* (1984/1985 y 1984/2016) y *Últimos testigos* (1985 y 1985/2016) con el propósito de resaltar la variación en la perspectiva emocional entre las diferentes versiones. Por último, a la luz de lo explicado, reflexionaremos sobre la dimensión ética de las traducciones emocionales de Alexiévich. Terminaremos el monográfico con unas conclusiones que abarcarán tanto la totalidad del estudio como los hallazgos derivados del análisis práctico.

Capítulo 1
El lenguaje como agente creador de la realidad: del giro lingüístico al (des)orden deconstructivista

> [T]oda la realidad está hecha de palabras. Nosotros también estamos hechos de palabras. Si formamos parte de una red familiar o social es porque existen palabras como *hermano, padre, madre, hijo, abuelo, amigo, compañero, empleado, profesor, alumno.*
>
> *Juan José Millás (2009: s. p.)*

> [C]ada palabra dice lo que dice y además más y otra cosa.
>
> *Alejandra Pizarnik (1968/2023: 283)*

Octavio Paz (1975/1985: 15) señalaba con acierto que ver al mundo es deletrearlo. No obstante, si las palabras determinan nuestra percepción de lo real, porque vemos y construimos el mundo a través del lenguaje, cabe preguntarnos hasta qué punto tenía razón Cortázar (1963/2018: 518) al sugerir que «no hay mensaje, hay mensajeros y eso es el mensaje». Y, si hay tantas realidades como personas en el planeta, ¿cómo conviven sin llegar a enfrascar la humanidad en un caos perpetuo?

Antes de ahondar en reflexiones sobre el maridaje entre el lenguaje y la realidad, resulta interesante y sumamente útil incluir, a modo de ilustración, una prueba de cómo varias versiones de lo real pueden coexistir en el marco de una obra, supuestamente basada en hechos reales. Así, en una de sus últimas películas, *The Last Duel* (2021), el cineasta norteamericano Ridley Scott nos presenta la siguiente trama, ambientada en la Francia medieval: una noble dama, Marguerite de Carrouges, acusa al escudero Jacques Le Gris, antiguo amigo de su esposo, de violación. Ante la negativa de Le Gris a admitirlo, Jean de Carrouges, caballero normando, lo desafía a un juicio por combate. Sin alterar dos acontecimientos centrales —la violación y el duelo mortal—, Scott compone la película de tres capítulos, tres voces que cuentan sus verdades contrapuestas acerca de lo sucedido: «The truth according to Jean de Carrouges», «The truth according to Jacques Le Gris» y «The truth according to the lady Marguerite».

Los detalles que conforman cada discurso varían radicalmente en función del narrador. A saber, Jean de Carrouges, que se considera héroe y buen marido, se perfila a ojos de Jacques Le Gris como una persona débil y desquiciada. Al mismo tiempo, desde el punto de vista de Marguerite, se muestra déspota y violento. Marguerite, modesta y discreta esposa para Carrouges, se convierte en una seductora en el relato de Le Gris: nada que ver con su propia imagen de sí misma. Cada gesto y cada palabra adquieren interpretaciones distintas por parte de los personajes y se entretejen en sus versiones individuales de la realidad.

Ahora bien, nos planteamos el siguiente interrogante con relación a esta narrativa: ¿cuál de las tres construcciones de la realidad sería válida? Sin duda, con la que más simpatizamos es con Marguerite, una mujer valiente que tuvo coraje de buscar justicia en aquellos tiempos por ser víctima de violación. Huelga decir que Scott nos ayuda a decantarnos por la realidad de la francesa: su discurso resulta más emotivo y extenso en comparación con los de Le Gris y Carrouges. Además, al observar el título del capítulo dedicado a Marguerite, notamos que la palabra *truth* permanece en pantalla más tiempo que en el caso de los dos primeros capítulos.

Sin embargo, podemos seguirnos preguntando: en nuestra decisión de respaldar a Marguerite, ¿hasta qué punto nos influyen los discursos ideológicos prevalentes en la sociedad contemporánea? ¿Qué postura con respecto a estos tres personajes medievales adoptarían aquellos que no se ciñeran al pensamiento occidental actual y vivieran inmersos en otros *mitos*, en el sentido barthesiano del término (Barthes 1957/1999)? Tras la «muerte del autor» (Barthes 1984/1994), ¿no es el espectador quien determina cómo interpretar este mosaico de testimonios ficcionales? Por otro lado, Scott es quien relata las tres versiones y detenta el poder del narrador: ¿tal vez, en aras de otorgar mayor credibilidad a la historia de Marguerite, añade tintes de una joven del siglo XXI en su retrato? No obstante, ¿fue su propia decisión o la de los productores, ya que, como nos enseña Foucault (1976b/1979), el poder nunca reside solo en unas manos? Finalmente, ¿en qué medida en esta narrativa es posible identificar referencias intertextuales (Kristeva 1967/1997) de *Rashōmon*, película de Akira Kurosawa (1950)?

Si bien, bajo el prisma del director, Marguerite se erige como la auténtica heroína, su figura queda eclipsada por la de su marido en el libro que sirvió de inspiración para el largometraje. Desde las primeras páginas de *The Last Duel*, su autor Eric Jager (2004: s. p.), especialista en literatura medieval, resalta que la obra «is a true story based on original sources» y, a la vez, admite lo siguiente: «Where the sources disagree, I give the most likely account of events. Where the historical record is silent, I use my own invention to fill in some of the gaps». En suma, el escritor al mismo tiempo defiende la veracidad de la historia y reconoce haberla manipulado. En ningún momento advierte que se trata de su interpretación de lo sucedido. Entonces, ¿qué hay de «lo real» en cada personaje histórico? ¿Somos capaces de descubrir lo que realmente ocurrió? ¿Tenemos derecho de hablar sobre la realidad o solo sobre sus lecturas —o, mejor dicho, traducciones— nunca inocentes, al igual que el propio lenguaje?

A lo largo de los párrafos anteriores, hemos formulado una gran cantidad de preguntas sin respuesta. *The Last Duel* ha sido el punto de partida para hacernos dudar del sello «lo real» y «lo verdadero», que tan a menudo autoimponen a sus textos personas de distintas profesiones: escritores, políticos, periodistas, historiadores, etc. A continuación, de la mano de las ideas posestructuralistas, haremos un intento de desentrañar el ovillo de «lo real» y arrojar luz sobre cómo el lenguaje —y, con él, la traducción— construye la realidad, incluida la realidad histórica.

1.1. EN LOS LÍMITES DE LO REAL: MIRADAS POSESTRUCTURALISTAS

En la segunda mitad de la pasada centuria, en paralelo con el desarrollo de la lingüística, varios campos epistemológicos —desde la filosofía y la antropología hasta la historia y la psicología— centran su mirada en el papel fundamental del lenguaje en la producción del conocimiento. Considerado tradicionalmente como un mero instrumento de comunicación, a partir de este periodo, el lenguaje se infiltra en los discursos académicos para transformar la comprensión sobre la realidad y marcar su carácter lingüístico. Eco (1962/1990: 110) resume la base de este fenómeno de la siguiente forma: «[E]l lenguaje no es un medio de comunicación entre muchos; es "lo que está en la base de toda comunicación"; mejor aún, "el lenguaje es realmente el fundamento mismo de la cultura"». La repercusión del cambio de paradigma fue tan grande, que la pregunta clave de filosofía dejó de ser «¿Cómo es posible el conocimiento?» para convertirse en «¿Cómo es posible el lenguaje?» y, de este modo, establecer la base de la filosofía del lenguaje (Vidal Claramonte 1998: 11).

Bautizado como giro lingüístico (*linguistic turn*) por Gustav Bergmann en 1952 y popularizado en la siguiente década por Richard Rorty (1967/1992), este fenómeno entiende el lenguaje como agente constitutivo de la conciencia humana y de la producción social de significado. El giro lingüístico aboga por la idea de que concebimos el pasado y el presente desde la perspectiva del lenguaje; nuestra percepción del mundo está condicionada y determinada por él. En concreto, fueron las aportaciones saussurianas las que sirvieron como cimiento para edificar el marco intelectual del giro. Para Saussure, el lenguaje «precedes the world and makes it intelligible by constructing it according to its own rules of signification, [...] [that] are inherently arbitrary, in the sense of being social conventions implicitly understood in different ways» (Spiegel 2005: 2). De ahí que, a la luz de los postulados de este filósofo estructuralista, la existencia de un universo objetivo, comprensible e independiente del lenguaje sea una ilusión.

El giro lingüístico ha ejercido una gran influencia sobre diversas corrientes de pensamiento; sin embargo, su huella se percibe particularmente en las teorías posestructuralistas. Roland Barthes, Julia Kristeva, Michel Foucault, Jacques Derrida y otros reconocidos pensadores de la órbita posestructuralista se dedicaron a discurrir sobre la naturaleza de lenguaje como agente constituyente del mundo. Sus ideas, impulsadas por el giro lingüístico, permearon numerosas disciplinas, entre las que cabe destacar los estudios de traducción y la historia, cuestiones de las que nos ocuparemos en los próximos capítulos de este libro. A saber, la historia como representación —o traducción— de lo real se origina en el lenguaje; por lo tanto, como mostraremos en nuestro análisis de la narrativa de Svetlana Alexiévich en el capítulo final, hay tantas traducciones del pasado como individuos.

Al amparo de las teorías promovidas por el paradigma del giro lingüístico y, con ello, del posestructuralismo, deberíamos preguntarnos si existe alguna forma de conocer la realidad, salvo por medio de sus representaciones. Así, desde la perspectiva posestructuralista, lo real no puede aprehenderse directamente, sino mediante la construcción de modelos articulados a través del lenguaje (véase Meix Izquierdo 1993/1994: 200). Siguiendo al antropólogo y filósofo Lluís Duch, Chillón (1998: 70) explica este fenómeno con el neologismo *empalabrar*: «Conocemos el mundo, siempre de modo tentativo, a medida que lo designamos con palabras y lo construimos sintácticamente en enunciados, es decir, a medida que lo *empalabramos*». De este modo, la función principal del lenguaje se encuentra estrechamente vinculada a la configuración de la realidad. En síntesis, lo que denominamos «realidad» es tan solo un constructo humano, que nunca acaba por configurarse de manera definitiva y alcanza su plenitud en el lenguaje (véase Hutcheon 1989; Meix Izquierdo 1993/1994: 74; Potter 1996/2004).

Por otro lado, la supuesta «realidad objetiva» no es más que un acuerdo entre las realidades subjetivas individuales. No obstante, si bien lo real se presenta como «un orden pluridimensional» (Barthes 1978/1993: 128) sin limitarse a una única forma, persiste la creencia en una realidad externa unívoca, susceptible de ser conocida y *empalabrada*. Este espejismo del conocimiento inequívoco de la realidad y de su fiel reproducción mediante el lenguaje impulsa al ser humano a una búsqueda constante de la *verdad*. Según el diagnóstico foucaultiano, «la imposición de lo verdadero, la obligación de verdad, los procedimientos ritualizados para producirla atraviesan completamente toda la sociedad occidental desde hace milenios» (Foucault 1976c/1979: 114).

A la hora de reflexionar sobre la naturaleza de la verdad, de nuevo es crucial destacar el papel central del lenguaje, ya que la verdad «no existe al margen del ser humano que piensa y vive desde el lenguaje» (Meix Izquierdo 1993/1994: 72). Tradicionalmente concebido como un imperativo universal y una representación precisa de la realidad, este fenómeno no es ni de lejos algo objetivo que se pueda descubrir o describir. Tras el cambio de paradigma, la verdad unitaria y totalizadora —al igual que otras metanarrativas que legitimaban el pensamiento moderno, como la Razón o el Progreso— se ha visto desacreditada y condenada a muerte por Lyotard (1979/1991).

Así pues, sería erróneo refutar el carácter lingüístico de la verdad, puesto que esta se plasma en función de cómo percibimos y nombramos los hechos. La verdad se alberga en el discurso y se somete a sus reglas. Según Foucault (1977/1979: 187),

> [c]ada sociedad tiene su régimen de verdad, su «política general de la verdad»: es decir, los tipos de discursos que ella acoge y hace funcionar como verdaderos; los mecanismos y las instancias que permiten distinguir los enunciados verdaderos o falsos, la manera de sancionar unos y otros; las técnicas y los procedimientos que son valorizados para la obtención de la verdad; el estatuto de aquellos encargados de decir qué es lo que funciona como verdadero.

Ahora bien, si, a tenor de las visiones posestructuralistas, no existen ni una realidad objetiva ni una verdad absoluta, huelga preguntarnos cómo evitamos reducir nuestra existencia al nihilismo pasivo en el sentido nietzscheano. Chillón (1998: 73) nos incita a abogar por el pluralismo: en tanto que «no existe *una* realidad —ni *una* verdad—, […] sí [que existen] múltiples realidades particulares, múltiples *experiencias*, de cuya puesta en común surge este género de acuerdos que denominamos "verdades"». Y dichas realidades adquieren sentido siempre que se verbalizan, se expresan a través del lenguaje. En el último capítulo del presente libro, examinaremos cómo las experiencias verbalizadas sobre el pasado, con toda su pluralidad y variedad, moldean la historia soviética en la obra de Alexiévich.

En suma, resulta inconcebible imaginar al ser humano desvinculado del lenguaje. Barthes (1984/1994: 25) refleja esta idea al señalar que «[n]unca topamos con ese estado en que el hombre estaría separado del lenguaje y elaboraría este último para "expresar" lo que pasa en su interior: es el lenguaje el que enseña cómo definir al hombre, y no al contrario». El lenguaje actúa como el mecanismo mediante el que nos construimos como individuos.

La interconexión entre el lenguaje y el conocimiento es intrínseca, al igual que la relación entre el pensamiento y el lenguaje, ya que no hay pensamiento sin lenguaje, sino pensamiento en el lenguaje (véase Barthes 1972/2011: 61; Paz 1956/2003: 30). Hoy en día, es imposible hablar de la existencia del pensamiento extralingüístico. Nuestras ideas se forman solo en la medida en que se verbalizan, de manera similar a cómo las palabras cobran vida una vez se pronuncian o se escriben. En efecto, el lenguaje constituye la materia del pensamiento (Kristeva 1969/1988: 8).

Inseparable de todas las transformaciones que experimenta nuestra sociedad, el lenguaje evoluciona en paralelo con el orden social, «es siempre respuesta a preguntas; preguntas que viven en el espacio histórico en el que ese lenguaje alienta» (Lledó 1992/2015: 45). En cierto modo, puede considerarse objeto e instrumento a la vez, dado que se nutre de las narrativas propias de cada época y, al mismo tiempo, las configura. En este sentido, el contexto social en el que nos desenvolvemos está estrechamente relacionado con el lenguaje que empleamos en nuestro día a día y, por ende, con nuestra forma de percibir lo real. Cada ser humano interpreta su entorno en función de sus circunstancias personales; su riqueza léxica le otorga una capacidad singular para construir realidades.

1.2. EL LENGUAJE COMO ARMA IDEOLÓGICA E INSTRUMENTO DE PODER

Frente a la idea de una presunta neutralidad del lenguaje, varios autores concuerdan en que ni las palabras ni los textos —y ni siquiera el lenguaje mismo— pueden ser neutros (Barthes 1972/2011; Bourdieu 1985/2001: 15; Lledó 1992/2015: 45). La ideología y la manipulación emergen como las fuerzas que llenan el abismo entre la realidad y su representación verbal, otorgan al lenguaje una dimensión ideológica y, de esta forma, lo convierten en un fenómeno ideológico por excelencia. En definitiva, es imposible imaginar un texto fuera de sus marcos ideológicos, ya que la ideología constituye un elemento inherente a toda expresión discursiva. Detrás de una aparente falta de ideología, operan mecanismos de control que buscan generar la ilusión de su ausencia. Ya afirmaba Barthes (1973/1993: 52-53) que

[a]lgunos quieren un texto (un arte, una pintura) sin sombra, separado de la «ideología dominante»; pero es querer un texto sin fecundidad, sin productividad, un texto estéril. [...] El texto tiene necesidad de su sombra: esta sombra es *un poco* de ideología, *un poco* de representación, *un poco* de sujeto: espectros, trazos, rastros, nubes necesarias. [la cursiva es del autor].

La ideología se torna visible no solo en las palabras pronunciadas, sino también se manifiesta en todo aquello que se omite al decirlas. Lejos de ser inocentes, las palabras impregnan los discursos con ideologías, manipulan al receptor, surgen de un contexto y, a la vez, lo moldean. Los discursos enmascaran determinadas ideologías que se imponen a la colectividad para persuadirla de que representan la realidad objetiva indiscutible, así como poseen la única verdad posible. Las élites dominantes se esfuerzan por preservar su lenguaje, su literatura y su prensa, al mismo tiempo que tienden a censurar otros lenguajes (Kristeva 1969/1988: 259). En resumidas cuentas, el mundo que habitamos se caracteriza por una clara hegemonía de lo ideológico.

Al mismo tiempo, la ideología entraña una intrínseca relación con el ejercicio del poder, otro concepto filosófico que cabe vincular con las prácticas discursivas. El posestructuralismo ha demostrado que el lenguaje encierra poder y que el discurso implica la cuestión del poder desde su propia existencia (Foucault 1969/2002: 204). Vivimos en una época en la que el lenguaje se ha convertido en un instrumento de poder, utilizado por algunos para ejercer dominio sobre otros. Así, el lenguaje actúa de manera sutil para validar los modelos dominantes, revelar y, a la par, ocultar aquello que el poder prefiere mantener en secreto.

Toda frase es «un arma, un operador de intimidación, [...] tiene algo imperativo, conminatorio», anota Barthes (1984/1994: 138). El carácter pragmático del lenguaje lo transforma en una herramienta de poder capaz de construir y modelar identidades, prescribir nuestro comportamiento bajo la aparente tarea de describirlo. Vinculado al lenguaje, el individuo, «con sus características, su identidad, en su hilvanado consigo mismo, es el producto de una relación de poder que se ejerce sobre los cuerpos, las multiplicidades, los movimientos, los deseos, las fuerzas» (Foucault 1976c/1979: 120).

Las interacciones comunicativas entre distintos grupos se delinean por su posición con respecto al poder. Más allá de ser intercambios lingüísticos, las relaciones sociales se encuentran sujetas al poder simbólico, que dicta las normas de comunicación entre quienes participan en el diálogo. Bourdieu (1985/2001: 67) destaca que el poder de las palabras es el poder del portavoz, es decir, reside en la persona que habla. La relevancia de la figura del emisor se ejemplifica por Foucault (1969/2002: 83) en términos del lenguaje médico, dado que la legitimidad de la palabra médica no puede proceder de cualquier ser humano y se encuentra intrínsecamente ligada al individuo que posee derecho de utilizarla. En la misma línea, se lee el siguiente planteamiento bourdieuiano: «La eficacia simbólica de las palabras sólo se ejerce en la medida en que quienes la experimentan reconocen que quien la ejerce está autorizado para ejercerla» (Bourdieu 1985/2001: 77).

Como constata Foucault (1970/2005: 14), «la producción del discurso está a la vez controlada, seleccionada y redistribuida por cierto número de procedimientos que tienen por función conjurar sus poderes y peligros, dominar el acontecimiento aleatorio y esquivar su pesada y temible materialidad». Al seguir la senda foucaultiana, nos encontramos con una retahíla de cuestiones que conjugan las nociones de discurso[2] y poder, así como su operación en la sociedad. Cabe destacar que, a diferencia de la concepción bourdieuiana del poder como un sistema de violencia simbólica que permite a instituciones y agentes legitimar e imponer sus intereses, la visión del poder en los escritos de Foucault se caracteriza como positiva. Tras alejarse de los espacios de poder específicos, el filósofo francés estudia el devenir discursivo del poder y llega a la conclusión de que «[e]l poder tiene que ser analizado como algo que circula, o más bien, como algo que no funciona sino en cadena. No está nunca localizado aquí o allí, no está nunca en las manos de algunos, no es un atributo como la riqueza o un bien» (Foucault 1976b/1979: 143). Los trabajos foucaultianos enseñan que el poder no es una entidad unitaria que existe externamente de nosotros, sino que está omnipresente y se genera de manera constante.

En busca de «coger al poder en sus extremidades, en sus confines últimos, allí donde se vuelve capilar» (*ibid.*: 142), nace la «microfísica del poder», la idea de que las relaciones de poder —ubicuas y difusas, nunca determinadas ni unidireccionales— atraviesan y constituyen la sociedad mediante los discursos. Partiendo del esquema nietzscheano, Foucault (1976a/1979: 131) aborda la perspectiva genealógica del poder:

> La genealogía sería, pues, oposición a los proyectos de una inscripción de los saberes en la jerarquía del poder propia de la ciencia, una especie de tentativa para liberar a los saberes históricos del sometimiento, es decir, hacerlos capaces de oposición y de lucha contra la coacción de un discurso teórico, unitario, formal y científico.

El poder reside en el discurso. Bourdieu (1985/2001: 110) nos recuerda que entre las censuras más efectivas —y más sutiles— se encuentran todas aquellas que excluyen a ciertos agentes de los grupos o los espacios donde se ejerce la autoridad verbal. A través de la política de silenciamiento, los modelos dominantes privan del poder a sujetos tradicionalmente acallados. Así, bajo el prisma del poscolonialismo, Spivak (1993/2013) nos muestra que el subalterno no puede hablar. Permitirle expresarse supondría que el subalterno silenciado haría públicas sus versiones de lo real, revelaría sus verdades que inevitablemente entrarían en conflicto con la(s) realidad(es) construidas por quienes sí tienen voz. Como veremos en el capítulo final de este libro, Alexiévich crea una versión alternativa de la historia soviética, en contraposición a la oficial, mediante la incorporación de las figuras subalternas en el tejido histórico. En sus escritos, los subalternos adquieren el derecho a compartir su narrativa y, de este modo, ofrecer su traducción del pasado.

---

[2] Según Potter y Wetherell (1987: 6-7), bajo el fenómeno del discurso Foucault entiende «historically developing, linguistic practices». Posteriormente, Potter (1996/2004: 105) llega a precisar que su noción de discurso se debe interpretar como «[a] set of statements that formulate objects and subjects».

1.3. LA MULTIPLICIDAD DE SIGNIFICADOS Y LA INFINITUD DE INTERPRETACIONES DE LA OBRA ABIERTA

«La obra de arte es un mensaje fundamentalmente ambiguo, una pluralidad de significados que conviven en un solo significante», decía con acierto Umberto Eco (1962/1990: 34). Consideramos que este planteamiento del semiólogo italiano no solo se aplica a las obras artísticas, sino que también resulta relevante para cualquier forma de discurso. Además, queremos detenernos en la noción de Eco acerca de la pluralidad de significados, ya que supone un avance importante en la comprensión del lenguaje a partir del giro lingüístico.

Así pues, la visión de la relación dicotómica estable entre el significante (la forma acústica de la palabra) y el significado (el concepto asociado a esta palabra), desarrollada y promovida en *Curso de lingüística general*, de Saussure (1916/1945: 92-93), se ha convertido en objeto de críticas por parte de los teóricos posestructuralistas. Si bien, desde la perspectiva saussuriana, el significante y el significado se identifican como dos elementos constitutivos del signo lingüístico —y, de esta manera, se subraya el papel de las oposiciones binarias en la estructura de la lengua—, el posestructuralismo aboga por la imposibilidad de establecer una conexión fija entre estos conceptos y aplica un bisturí a la concepción estática y rigurosamente arbitraria del signo. Según explica Meix Izquierdo (1993/1994: 195), «los significados no son propiedades inherentes a las cosas sino más bien puntos de vista, perspectivas posibles y, desde luego, no excluyentes entre sí».

¿Cómo interpretan el significado los posestructuralistas? A la luz de sus teorías, cabe destacar que el significado va siempre unido al contexto en el que se produce un acto comunicativo. Tal y como defiende Kristeva (1969/1988: 69), solo «el contexto —la función de la palabra en el conjunto del discurso— atribuye un valor concreto en la ocurrencia concreta de la palabra en cuestión». Tampoco podemos ignorar el hecho de que el propio contexto tiene una naturaleza textual, ya que nuestras experiencias e ideas se constituyen a través del lenguaje.

Una palabra evoca distintas representaciones mentales y adquiere diferentes significados en función del contexto en el que figura. El significado cobra vida en el discurso, no en el diccionario, o, por decirlo con Bourdieu (1985/2001: 14), «la palabra a efectos de diccionario carece de existencia social: en la práctica, sólo existe inmersa en la situación». Asimismo, los significados mutan con el tiempo, aunque en ocasiones su origen etimológico puede proporcionarnos indicios sobre su pasado. En suma, el significado de un término no se obtiene al observar el objeto al que se refiere, sino mediante un proceso en el que el contexto y la práctica social desempeñan un papel esencial (véase Meix Izquierdo 1993/1994: 148).

Ahora bien, conviene señalar que el significado es subjetivo. A pesar de nuestra insistencia en considerar que el emisor es el conformador del mensaje, es el receptor quien se encarga de descodificarlo (Bourdieu 1985/2001: 16): como resultado, puede asignarle un sentido que no coincida con la intención original del emisor. Con todo, las palabras albergan una diversidad de significados, y son las personas quienes confieren a cada expresión un sentido único o, mejor dicho, toda una pluralidad de sentidos. Ya afirmaba Duch (1995/1998: 26) que, a la hora de definir un objeto o un acontecimiento, nos definimos a nosotros mismos.

Dicha subjetividad se percibe de manera especial cuando nos encontramos con individuos pertenecientes a diferentes culturas. Cada lengua, al igual que cada cultura, sostiene una perspectiva única sobre cómo concebir el mundo. Siguiendo las observaciones de Jakobson, Kristeva (1969/1988: 12) indica que «los interlocutores pertenecientes a la misma comunidad lingüística pueden ser definidos como los usuarios efectivos de un único y mismo código», cuya existencia —fundamental para la comunicación— permite el intercambio de mensajes.

El significado también está estrechamente vinculado a la ideología, ya que cualquier discurso conlleva e impone ideologías. La intersección entre el significado y la ideología se analiza de manera profunda por Barthes (1957/1999) en *Mitologías*, su famosa colección de ensayos. En las páginas de este escrito, el semiólogo francés manifiesta el abuso ideológico, encubierto en fenómenos aparentemente inocentes, tales como las revistas femeninas o la publicidad de detergentes. A fin de denunciar la constante presencia de la ideología en la sociedad, Barthes recurre al concepto de mito, llevado más allá de su entendimiento tradicional. Así, el filósofo concibe el mito como un lenguaje, un sistema comunicativo, un mensaje conformado por escrituras, un modo de significación. Según Barthes (1957/1999: 108), todo puede convertirse en un mito: al pasar a un estado oral, cualquier signo deviene en mito, en una unidad significativa verbal o visual.

El mito presenta la realidad como transparente, universal, verdadera y natural, de ahí que el consumidor del mito termine por racionalizarlo. Asimismo, al igual que la ideología de ciertos discursos incluye negar su carácter ideológico, el mito niega la imposición de lo mítico, de su equipaje de connotaciones. Por el contrario, busca mostrar ausencia de contradicciones, simplificar conceptos, naturalizarlos, volverlos inocentes: de esta forma, la naturaleza se coloca en el trasfondo de la historia y el mundo crea la ilusión de lo real.

Para Barthes, no existen mitos eternos, ya que dependen de los objetos que parasitan, los cuales pueden desaparecer. Afín al entendimiento de las palabras en el sistema teórico de Duch (1995/1998: 466), los mitos barthesianos son caminos provisionales que se reconstruyen, se rectifican y, en algunas ocasiones, se eliminan del mapa. Por otra parte, a la hora de reflexionar acerca de la mitología, Barthes se apoya en los postulados lingüísticos de Saussure y desafía su modelo binario de significante y significado para transformar el reconocido planteamiento saussuriano en una teoría ideológica. Así, el mito se configura «a partir de una cadena semiológica que existe previamente» (Barthes 1957/1999: 111); se trata de un metalenguaje, una segunda lengua que habla de la primera y vacía el sentido del signo lingüístico para deformarlo, imponerle una capa ideológica y, por ende, atribuirle un significante mítico. El mito es una combinación mental compartida por un grupo social, lo imaginario de una comunidad. Tal y como se apreciará en el cuarto capítulo del presente libro, en su traducción de la historia de la URSS, Alexiévich precisamente intenta distanciarse de la mitología soviética.

Ahora bien, huelga alejarnos del universo mitológico barthesiano para introducir otro concepto clave para nuestro trabajo: la interpretación. Como es posible intuir, significado e interpretación son dos términos indisociables, puesto que los significados se revitalizan en el proceso interpretativo. Según explica Meix Izquierdo (1993/1994: 219), «el acto de interpretación no es un proceso de acomodación de los significados a unas realidades concretas, sino que la propia actividad de significar es radicalmente interpretativa». Y ya advertía Foucault (1971/1979: 18) que «el devenir de la humanidad es una serie de interpretaciones».

Al igual que el mundo se presta a diversas interpretaciones construidas a través del lenguaje, los textos, los discursos, los enunciados y los vocablos no encierran un significado intrínseco, sino miles, ya que acarrean un sinfín de interpretaciones, que se despliegan en distintos contextos. En este sentido, se asemejan al Aleph borgiano, un punto en el que se expande todo el universo. A la luz de las teorías posestructuralistas, los textos se tornan polifónicos, polisémicos, plurales, en constante movimiento, obras abiertas a «una infinidad de degustaciones» (Eco 1962/1990: 105), una amplia variedad de lecturas posibles. Así, a la hora de interpretar un texto, en lugar de buscar darle un único sentido, debemos apreciar la pluralidad de sentidos que lo conforma. De la mano del posestructuralismo, el texto retoma su origen etimológico, *textum* (*tejido*, latín): «el texto se hace, se trabaja a través de un entrelazado perpetuo; perdido en ese tejido —esa textura—, el sujeto se deshace en él como una araña que se disuelve en las segregaciones constructivas de su tela» (Barthes 1973/1993: 104).

A su vez, el tejido textual está empapado de *intertexualidades*, un término acuñado por Julia Kristeva (1967/1997). Partiendo de las teorías desarrolladas por Bajtín (1929/2002), Kristeva destaca la polifonía presente en cualquier texto como un factor determinante de sus significaciones. Para esta teórica, «todo texto se construye como mosaico de citas, todo texto es absorción y transformación de otro texto» (Kristeva 1967/1997: 3). En suma, todo texto es una intertextualidad (Kristeva 1969/1981: 148).

A tal efecto, se pone en cuestión la originalidad del texto, que constantemente se dirige hacia los discursos que le preceden e inevitablemente se repite (véase Vidal Claramonte 2023). Así, los escritores se limitan a emular lo previo, sustentan sus creaciones en lo «ya dicho» (Barthes 1984/1994: 69; Foucault 1969/2002: 40). La lectura kristeviana y, posteriormente, barthesiana (Barthes 1984/1994: 78) del texto como intertextualidad desmantela la ilusión de originalidad y desafía la noción de escritura autónoma, así como la concepción de la obra como entidad cerrada. En su lugar, se le cede paso al concepto de obra abierta en el sentido de Eco (1962/1990).

Así pues, el corpus de textos previos cobra protagonismo, ya que la carencia de un conocimiento textual almacenado impediría al lector percibir múltiples alusiones y explorar el texto más allá de su contenido semántico. La capacidad del receptor para interpretar implica su activa participación y se encuentra directamente vinculada con el «intertexto de sabiduría que habita el lector» (Barthes 1984/1994: 264), su «competencia intertextual» (Eco 1979/1993: 111). El conocimiento que guía la interpretación de un texto surge de la interacción entre diferentes textos.

El receptor —inherente al contexto en el que se desenvuelve— es quien confiere sentido(s) al texto en función de su bagaje cultural. Como resultado, la obra se impregna de «aportaciones emotivas e imaginativas del intérprete» (Eco 1962/1990: 80). Como lazos invisibles, las intertextualidades sustentan el texto y se vislumbran al público capaz de divisarlas. El semiólogo italiano incluso alienta a los lectores a apartarse del texto para, antes de regresar a él, dar «paseos intertextuales» (Eco 1979/1993: 167).

Al mismo tiempo, Eco (1962/1990: 96) precisa que la obra abierta no es «una invitación amorfa a la intervención indiscriminada: es la invitación no necesaria ni unívoca a la intervención orientada, a insertarnos libremente en un mundo que, sin embargo, es siempre el deseado por el autor». A la hora de abordar las intertextualidades, Kristeva (1967/1997: 2) también resalta el papel del escritor, dado que, para ella, la palabra literaria es «un cruce de superficies textuales, un diálogo de varias escrituras: del escritor, del destinatario (o del personaje), del contexto cultural actual o anterior». No obstante, Barthes (1973/1993: 56) advierte que, «[c]omo criatura de lenguaje, el escritor está siempre atrapado en la guerra de las ficciones (de las hablas), en la que solamente es un juguete, puesto que el lenguaje que lo constituye (la escritura) está siempre fuera de lugar (es atópico)».

A tenor de las ideas posestructuralistas, la figura del autor comienza a desacralizarse en favor de los textos y los autores precedentes para, finalmente, convertirse en un personaje ficticio que sucumbe bajo la pluma de Barthes (1984/1994). Así, partiendo de la desubjetivización del lenguaje y criticando la concepción romántica del autor como el epicentro de la obra, el semiólogo francés proclama la llamada «muerte del autor»: «[L]a escritura es la destrucción de toda voz, de todo origen, [...] es ese lugar neutro, compuesto, oblicuo, al que van a parar nuestro sujeto, el blanco-y-negro en donde acaba por perderse toda identidad, comenzando por la propia identidad del cuerpo que escribe» (Barthes 1984/1994: 65). A lo largo de la conferencia titulada «¿Qué es un autor?», Foucault (1969/1984: 5) también entrelaza la escritura con la muerte, que se manifiesta

> en la desaparición de los caracteres individuales del sujeto escritor; por medio de todos los traveses que establece entre él y lo que escribe, el sujeto escritor desvía todos los signos de su individualidad particular; la marca del escritor ya no es sino la singularidad de su ausencia; le es preciso ocupar el papel del muerto en el juego de la escritura.

Según argumenta Barthes (1966/1972: 61), tendemos «a creer que el escritor puede reivindicar el sentido de su obra y definir ese sentido como legal; de allí una interrogación irrazonable dirigida por el crítico al escritor muerto». En la línea de esta observación —a través de su emblemática publicación «La muerte del autor»—, Barthes (1984/1994) desvincula el texto de su autor para liberarlo de la noción de un supuesto significado cerrado que el escritor buscaba construir. Así, con agudeza, plantea que el autor ya no se erige como la fuente de interpretación única del texto. En cambio, el protagonismo se desplaza hacia el receptor de la obra, quien, al igual que el *Lector Modelo* de Eco (1979/1993) o el *lector cómplice* de Cortázar (1963/2018), abandona su rol pasivo para adquirir el poder de intervenir en la obra, desenredar el tejido textual de acuerdo con sus conocimientos. Al borrar «la firma del autor, la muerte funda la verdad de la obra, que es enigma» (Barthes 1966/1972: 62) o, mejor dicho, enigmas, dado que son tan variados como los destinatarios. En definitiva, con la desaparición de la figura sagrada del autor —fruto del entrecruzamiento de intertextualidades— el filósofo posestructuralista anuncia el nacimiento del lector, quien, a su vez, otorga vida al texto:

> [U]n texto está formado por escrituras múltiples, procedentes de varias culturas y que, unas con otras, establecen un diálogo, una parodia, una contestación; pero existe un lugar en el que se recoge toda esa multiplicidad, y ese lugar no es el autor, como hasta hoy se ha dicho, sino el lector: el lector es el espacio mismo en que se inscriben, sin que se pierda ni una, todas las citas que constituyen una escritura; la unidad del texto no está en su origen, sino en su destino. [...] [P]ara devolverle su porvenir a la escritura hay que darle la vuelta al mito: el nacimiento del lector se paga con la muerte del Autor. (Barthes 1984/1994: 71).

Para Lledó (1992/2015: 78), el lector constituye la única dimensión real de la existencia fronteriza de la escritura. Asimismo, es esencial tener presente que la naturaleza del propio lector experimenta cambios. La obra no solo adquiere sentidos distintos en el caso de cada receptor, sino que evoluciona en paralelo con él.

Cabe destacar que, si bien Foucault (1969/1984) asocia la escritura con la muerte del autor, a diferencia de Barthes, no se fija en la figura del lector, sino en la obra. Según este teórico, la obra tiene el derecho de aniquilar al autor. Desde la perspectiva foucaultiana, el autor debe desaparecer en favor de las formas propias del discurso, aunque se le reconoce como un «principio de agrupación del discurso, [...] foco de su coherencia» (Foucault 1970/2005: 29-30). Huelga añadir que Eco (1979/1993: 89), por su parte, no aboga por condenar a muerte al autor, pero también se suma a las reflexiones sobre la crisis de la autoría. En el caso del semiólogo italiano, la figura del autor se desacraliza y se reduce a un mero mecanismo, una estrategia textual que tiene la capacidad de establecer conexiones semánticas.

Por último, conviene recordar una reflexión arrojada por Borges en su relato «Pierre Menard, autor del Quijote», una lectura indispensable para abordar la complejidad del concepto de autoría y el de interpretación[3]. Publicado en 1939 —mucho antes de que el postulado barthesiano de la muerte del autor viera la luz—, este clásico cuento del escritor argentino insiste en que la interpretación de la obra recae en el lector. En este contexto, el lector asume el papel del autor y se convierte, por ende, en el creador del texto.

A saber, Pierre Menard, personaje inventado por Borges, es novelista y poeta francés del siglo xx, que se embarca en una aventura de componer el *Quijote*, «producir unas páginas que coincid[an] —palabra por palabra y línea por línea— con las de Miguel de Cervantes» (Borges 1974/1984: 446), sin copiar el original. A pesar de que este proyecto parece condenado al fracaso desde el principio, ya en el título de la historia Borges precisa que Menard sí es el autor del *Quijote*. Esta afirmación, a simple vista asombrosa y contradictoria a la realidad, cobra sentido una vez nos centramos en la figura del lector como intérprete que atribuye significado a lo escrito. Desde la perspectiva borgiana, no

---

³   Sobre esta obra, véase Vidal Claramonte (2023: 77-90).

solo Pierre Menard, sino todos los lectores se convierten en autores de la reconocida novela de Cervantes, que, siendo el mismo texto, se reinventa con cada nueva lectura. Asimismo, partiendo de las reflexiones de Arrojo, Vidal Claramonte (2005: 22) señala que «los capítulos que Menard elige para repetir son significativos: [...] el capítulo IX de la primera parte, que trata precisamente del "origen" del *Quijote*, [...] "desautoriza" a Cervantes como "autor verdadero" de la obra». Por lo tanto, la narrativa borgiana no solo anima a concebir metafóricamente a cada lector como autor, sino que también desmitifica la figura del autor en su sentido tradicional a través de su propio trabajo.

1.4. La de(con)strucción del original: hacia la traducción como reconocimiento de las diferencias

Dentro del difuso marco del pensamiento posestructuralista, la deconstrucción de Jacques Derrida emerge como una de las propuestas teóricas fundamentales —y harto complejas— que aglutina una serie de observaciones filosóficas acerca del lenguaje tras el giro lingüístico. Siguiendo la línea de Hillis Miller, Vidal Claramonte (1998: 82) equipara la deconstrucción con un niño que desmonta un reloj sin la posibilidad de volver a ensamblarlo. Frecuentemente catalogada como una de las teorías posestructuralistas más extremas, la deconstrucción «mina los puntos de partida de las teorías tradicionales, ataca incluso la posibilidad de comunicar, la existencia del significado único y verdadero» (*ibid.*).

Los escritos derridianos, contrarios «a los ideales ilustrados de la claridad y la precisión» (Villanueva 2021/2022: 276), producen discursos filosóficos y literarios de manera deliberadamente autorreflexiva y contradictoria. Según el propio Derrida, se resisten al resumen y a la sistematización (véase Potter 1996/2004: 80), al igual que su autor se resiste a definir con precisión el concepto de deconstrucción, aunque en ocasiones proporciona pistas vagas sobre qué es y qué no es:

> It is not simply a doctrine, not a system, not even a method, but something which is tied to the event. When I have to summarise very briefly what deconstruction is, and should not be, I often say: Deconstruction is quite simply what happens. It is not simply the theoretical analyses of concepts, the speculative desedimentation of a conceptual tradition, of semantics. It is something which does something, which tries to do something, to intervene and to welcome what happens, to be attentive to the event, the singularity of the event. (Derrida 1999: 280).

Dicha cita se inscribe perfectamente en el paradigma derridiano, cuyo enfoque entraña la falta de nitidez inherente a cualquier fenómeno. Los conceptos se vuelven difusos y dispersos, subrayan ambigüedades y contradicciones para permitirnos observar paradojas —o *aporías*, por decirlo con el padre de la deconstrucción— de las que no nos hayamos percatado al principio. De hecho, en numerosos casos, el filósofo recurre a metáforas y calambures con vistas a sumergir al lector en sus reflexiones. Tal vez «una buena definición de la deconstrucción, si es que puede darse alguna, sea la de que es un tipo de crítica literaria que refleja perfectamente la era caótica, ecléctica y confusa que nos ha tocado vivir», indaga Vidal Claramonte (1998: 82).

A través de la deconstrucción, que hunde sus raíces en las teorías de Heidegger, Derrida (1989/1997: 23) busca desmantelar la arquitectura de la metafísica occidental. Su enfoque central se dirige hacia las presuposiciones fundamentales de las tradiciones occidentales del saber, desde la filosofía griega en adelante (Potter 1996/2004: 80). A tal fin, por un lado, coloca en la diana de su crítica el lenguaje, responsable principal de la arbitrariedad del pensamiento. Por otro lado, cuestiona el logocentrismo, «metafísica de la escritura fonética» (Derrida 1967/1986: 7), regulación verbal que aboga por el poder de la palabra como la fuente privilegiada de conocimiento, capaz de representar el sentido y, con ello, la realidad.

Siendo una forma de intervención (Derrida 1999: 280), la deconstrucción desafía los cimientos de la metafísica de la presencia: los conceptos de origen y de significado. A su vez, desestabiliza la conexión indivisible entre significado y significante, promovida por el análisis lingüístico de Saussure. «Deconstruction shared certain motifs with the structuralist project while at the same time attacking that project», constata Derrida (en Norris 2015: 41) con referencia al planteamiento estructuralista saussuriano. Así, al explorar el *Curso de lingüística general* (Saussure 1916/1945) y analizar el razonamiento del lingüista suizo en cuanto al signo, el padre de la deconstrucción argumenta que el signo no se compone de dos elementos constituyentes, significado y significante, puesto que el significante no se asocia a un concepto, sino a una cadena infinita de significantes (Derrida 1967/1986). Así, a la hora de consultar una palabra en el diccionario, nunca llegamos al significado, a una realidad determinada, sino a otras palabras, otros significantes. Por lo tanto, no existe un significado único u originario: la diversidad se encuentra en el origen de cada signo.

Tal y como indica Hutcheon (1988: 149), «Derrida's denial of the transcendental signified is not a denial of reference or a denial of any access to extra-textual reality; […] it is meant to suggest that meaning can be derived only from within texts through deferral, through *différance*». Así, con miras a seguir deconstruyendo el modelo saussuriano, Derrida (1967/1986; 1994: 37-62) se apoya en otro término que figura en el *Curso de lingüística general*, el de diferencia, y lo convierte en *différance*. Según Davis (2001: 14-15),

> [i]n order to express the spatio-temporal differential movement of language succinctly, Derrida has coined the neologism (or, more precisely, the neographism) *différance*. Derrida notes that while the French verb *différer* has two meanings, roughly corresponding to the English "to defer" and "to differ", the common word *différence* retains the sense of "difference" but lacks a temporal aspect. Spelling *différance* with an a evokes the formation in French of a gerund from the present participle of the verb (*différant*), so that it recalls the temporal and active kernel of *différer*. […] But *différance*, Derrida cautions, is not a concept or even a word in the usual sense; we cannot assign it a "meaning", since it is the condition of possibility for meanings, which are effects of its movement.

La *différance* no se centra en lo presente en el lenguaje, sino en lo ausente: para significar, el significante debe diferenciarse de otros significantes y, al mismo tiempo, diferirse para llegar a otros significantes e ir aplazando el significado hasta el infinito. Esta cadena interminable de significantes —«el juego de diferencias» por aplicar la terminología tanto de Saussure (1916/1945: 142) como de Derrida (1967/1986: 58)— irrumpe como un requisito indispensable para significar. Además, mediante el cambio de la letra *e* por la *a* en *différance*, Derrida deconstruye otro postulado saussuriano, que bebe de la tradición filosófica occidental: el del privilegio del habla sobre la escritura, debido a la supuesta capacidad del habla para reflejar mejor el pensamiento humano. El juego *différance-différence* solo se percibe gracias a la escritura, ya que ambos vocablos se pronuncian igual. De ahí que la escritura, generadora de significados, adquiera una especial relevancia en el marco de la deconstrucción.

Con todo, desde la perspectiva deconstructivista, la realidad se presenta como algo inaccesible: así, la noción del centro se desvanece para abandonar al ser humano en los límites del conocimiento. Asumiendo su función descentralizadora —dado que jamás podemos llegar al centro—, la deconstrucción opera en los márgenes, en la *différance* y en los contextos, y convierte el núcleo de la escritura en una especie del agujero de la rosquilla. En este sentido, huelga recordar el concepto foucaultiano del poder, que, al igual que la escritura derridiana, sabotea la supremacía del centro.

La deconstrucción rechaza la idea de origen: «[s]ince meaning cannot precede *différance*, there can be no pure, totally unified origin of meaning» (Davis 2001: 15). El origen de las palabras en sí es polisémico. La huella, otro concepto clave para la deconstrucción, es precisamente lo que revela la imposibilidad de justificar un punto de partida absoluto (véase Derrida 1967/1986: 25-26, 61-62). En el pensamiento derridiano, no existen significados estables ni únicos: cada significado encontrado en el texto es una huella que remite a otra.

Alineada con la noción de *différance*, la huella indica que un signo cobra sentido únicamente al referirse a algo distinto de sí mismo. A la hora de definir la huella, es importante reconocer que no se trata solo de su presencia, sino que la huella lleva consigo la marca de elementos técnicamente ausentes. Es decir, la huella está a la vez presente y ausente, es un ejemplo de las aporías que tanto le fascinan a Derrida.

Desde la óptica derridiana, los textos carecen de origen, así como de principio o de fin. Con un claro guiño a la «obra abierta» de Eco y a la «muerte del autor» barthesiana, Derrida plantea una lectura plural de los textos. Inherentemente indeterminados, estos permiten interpretaciones diversas, incluso contradictorias, cada una de las que refleja la perspectiva del lector. Para Derrida, los textos constituyen una *dissemination* que genera diferencias y significados. En este contexto, la diseminación (*dissemination*) se refiere a las múltiples posibilidades de comprender un texto y la imposibilidad de reducirlo «a sus efectos de sentido, de contenido, de tesis o de tema» (Derrida 1975/1997: 13).

A su vez, los textos son inteligibles precisamente porque sus huellas se configuran como repeticiones. En busca de subrayarlo, el padre de la deconstrucción introduce la categoría de iterabilidad, «la disolución de la autoridad del código como sistema finito de reglas» (Vidal Claramonte 1998: 89). Esta noción revela la inevitable reiteración en el acto de escribir, al tiempo que inaugura lo singular, lo novedoso, «lo otro» (*itara* en sánscrito), a través de dicha repetición (Derrida 1967/1986: 264, 2000a). Tal y como expone Potter (1996/2004: 82), la iterabilidad resalta la cualidad de reutilización del discurso: el ser humano tiende a recurrir a las mismas palabras y frases que ha utilizado y escuchado previamente. Asimismo, gracias a la iterabilidad, la escritura logra sobrevivir a la inminente desaparición de su destinatario.

Dado que, en la concepción de Derrida, los hilos textuales se entretejen con huellas iterables, cabe deducir que —al igual que las palabras carecen de significados estables— los textos siempre esconden detrás de sí más textos. Por lo tanto, nunca son originales[4]. Si bien, a través de la noción de intertextualidad, Kristeva (1967/1997; 1969/1981) y Barthes (1984/1994: 78) pusieron en tela de juicio el concepto de originalidad, las huellas derridianas lo disolvieron al erigir el texto como un inagotable conjunto dinámico de otros textos: un *palimpsesto* (Arrojo 2007: 23).

La concepción derridiana que cuestiona la originalidad y abraza la pluralidad del texto nos remonta de nuevo al legado borgiano, puesto que —décadas antes de Derrida— el escritor argentino también ahondaba en reflexiones acerca de la inestabilidad del llamado «original». Así pues, volvemos a recurrir al clásico relato, «Pierre Menard, autor del *Quijote*» (Borges 1974/1984: 444-450), para poner sobre el tapete otro de sus postulados principales: la imposibilidad de reescribir una obra de forma idéntica, incluso al copiarla oración por oración. Sujetas a la influencia de cada época, cultura e individuo, las palabras —repetidas a propósito en el caso de Menard e inevitablemente repetidas en cualquier escritura— adquieren constantemente nuevos significados. Con ello, dotan al texto de nuevas lecturas que, como defiende Borges, constituyen sus reescrituras.

La repetición que intentaba lograr Pierre Menard es tanto imposible como inútil, dado que la primera vez ya es la segunda (véase Borges 1974/1984: 239). En definitiva, réplica exacta de la novela cervantina, el *Quijote* surgido de la pluma de Menard se puede considerar a la vez un producto original y no original, es decir, una repetición. Estos dos conceptos aparentemente opuestos se entrelazan de manera tan profunda en la visión borgiana que hacen estallar la lógica binaria de originalidad y copia, de original y traducción.

Afín a la propuesta metafórica de Borges sobre el *Quijote*, los escritos derridianos están plagados de trampas destinadas a socavar y desmantelar el binarismo de oposiciones como habla/escritura, realidad/representación, presencia/ausencia, entre otras. Del mismo modo, al descartar cualquier posibilidad de oposición binaria, Derrida anula la diferencia entre original y traducción. En efecto, al concebir cada texto como una amalgama de otros textos, llenos de significados diferidos, se desvanece la línea que separa lo original de lo traducido. A este tenor, desde las coordenadas de la deconstrucción, Davis (2001: 16) nos insta a plantear dudas sobre el binomio original/traducción:

> The source text for a translation is already a site of multiple meanings and intertextual crossings, and is only accessible through an act of reading that is in itself a translation. The division between "original" and "translation" […] is not something pre-existing that can be discovered or proven, but must be constructed and institutionalized. It is therefore always subject to revision.

Varios investigadores coinciden en que la deconstrucción y la traducción se encuentran estrechamente interconectadas y comparten una base común (véase Davis 2001: 1; Gentzler 2001: 146). Así, en las páginas de los escritos derridianos, se establecen

---

[4] Sobre la originalidad y la repetición de los textos, véase Vidal Claramonte (2023).

equiparaciones entre traducción y deconstrucción como esta: «[L]a cuestión de la desconstrucción es, asimismo, de cabo a cabo *la* cuestión de la traducción» (Derrida 1989/1997: 23). El fenómeno de la traducción es tan relevante para su pensamiento, que, en la obra *The Ear of the Other*, Derrida (1982/1985: 120) llega a postular que el origen de la filosofía reside en la traducción o en la tesis de la traducibilidad.

Pese a que el tema de la traducción se aborda en varias obras derridianas, fue, sin duda, la publicación de «Des tours de Babel» la que situó la figura de Derrida en el panorama de las teorías de la traducción. En este texto ya clásico, Derrida (1985), por un lado, deconstruye la leyenda de la Torre de Babel y, por otro, en virtud del análisis previo, «La tarea del traductor», célebre ensayo de Walter Benjamin (1923/1996). A saber, en una de sus reflexiones, el propio autor de «Des tours de Babel» indica que «the example of Babel […] can provide an epigraph for all discussions of translation» (Derrida 1982/1985: 100).

En el contexto del mito bíblico, Derrida interpreta el castigo divino en términos de una confusión originada por la diversidad de lenguas. A través de su acto punitivo, Dios impone la necesidad y, al mismo tiempo, la imposibilidad de la traducción. Así pues, Babel se erige como una paradoja: por una parte, es un nombre propio, intraducible según Derrida, y, por otra, se puede traducir como *confusión*, debido a la confusión de las lenguas y la de entre los arquitectos una vez destruida la Torre. Al derribar Babel, aclara Derrida (1985: 170), «[God] opens the deconstruction of the tower, as of the universal language. […] He *at the same time* imposes and forbids translation. […] Translation then becomes necessary and impossible».

La traducción se torna necesaria e imposible: es una herramienta fundamental para la comprensión mutua, que, a la par, revela la imposibilidad de alcanzar el origen, la equivalencia exacta y el significado unívoco, que desapareció junto con la mítica edificación. En resumidas cuentas, en el proceso de traducción se manifiesta la *différance*, que la prohíbe y, a la vez, la hace posible. La destrucción de la Torre se transforma en una alegoría de la deconstrucción y, por ende, de la traducción: «an unfinished edifice whose haft-completed structures are visible, letting one guess at the scaffolding behind them» (Derrida 1982/1985: 102).

Asimismo, el teórico de la deconstrucción no solo se sirve de la traducción para «desmantelar la posibilidad de apresar el significado y establecer correspondencias plenas» (Martín Ruano 2022b: s. p.), sino que también insta a una revalorización de su tradicional estatus secundario frente al original. Con miras a mostrar que la traducción no está subordinada a la existencia del original —en cambio, es el original el que depende de la traducción para subsistir—, Derrida se apoya en «La tarea del traductor», de Benjamin (1923/1996), cuyo postulado fundamental reza que la traducción garantiza la supervivencia del original, por lo tanto, brota en las entrañas de este. «For in the very tongue of the original narrative there is a translation», constata el autor de «Des tours de Babel» (Derrida 1985: 172). En palabras de Derrida (1979: 102),

> [a] text lives only if it lives *on* […], and it lives *on* only if it is *at once* translatable and untranslatable […]. Totally translatable, it disappears as a text, as writing, as a body of language […]. Totally untranslatable, even within what is believed to be one language, it dies immediately.

Así pues, el filósofo francés otorga un valor superior a la traducción: no la concibe como una mera reproducción, sino como un medio que permite que el original sobreviva[5]. Tal y como indica Derrida (1982/1985: 122):

> [T]he translator must assure the survival, which is to say the growth, of the original. Translation augments and modifies the original, which, insofar as it is living on, never ceases to be transformed and to grow. It modifies the original even as it also modifies the translating language. This process —transforming the original as well as the translation— is the translation contract between the original and the translating text.

Siendo una agente de la *différance* bajo el prisma de la deconstrucción, la traducción practica la *différance* entre significante y significado; y, precisamente, al colocar la diferencia en el origen, se redefine el estatus de la traducción (véase Davis 2001: 43; Gentzler 2001: 162). En el marco de la filosofía deconstructivista, se alza la idea de que el traductor crea el original (Gentzler 2001: 149). Y este original, a su vez, se concibe como un palimpsesto.

En definitiva, amén de socavar la clásica dicotomía entre original y traducción, la teoría derridiana desplaza la noción de traducción de su posición históricamente secundaria y marginal —donde ha servido al original durante siglos— para asignarle un estatus superior. Lejos de entenderse como copia, sustitución o representación, la traducción se concibe como un proceso de transformación (Derrida 1985: 183), que nunca es definitivo, dado que cada significado remite a otro en la cadena interminable de huellas antecedentes. Davis (2001: 43) refleja la perspectiva de Derrida sobre la traducción de la siguiente manera: «All signifiers, all texts, in order to exist as such, must be multiple, and are accessible only "in translation"». A la luz de la teoría crítica deconstructivista, la actividad traslativa ya no se percibe como una mera operación mecánica entre dos lenguas, sino que se comienza a reconocer como un proceso que está presente en el marco del mismo idioma (véase Gentzler 2001: 165). El entendimiento de la traducción incluso va más allá de su vínculo directo con la lengua: el propio Derrida (1982/1985: 120) la define como «the transport of a semantic content into another signifying form».

Para el pensador francés, la traducción es «an enigmatic phenomenon or experience of hospitality» (Derrida 2000b: 6), una escritura productiva (Derrida 1982/1985: 153), un acto de lectura de otro texto (Derrida 1985: 175). En ocasiones, el filósofo recurre a este concepto en sentido metafórico: «I ask questions of philosophy, and naturally this supposes a certain identification, a certain translation of myself into the body of a philosopher» (Derrida 1982/1985: 135). Por último, en una de sus publicaciones, sostiene que «[s]peaking, teaching, writing [...] are meaningful in [his] eyes only in the proof of translation» (Derrida 2001: 175). En efecto, a la vista de lo expuesto, la traducción puede considerarse como uno de los paradigmas de la filosofía deconstructivista, una de las piezas clave en el engranaje de la deconstrucción.

---

[5] En el último capítulo del presente libro, veremos cómo este planteamiento se aplica a la obra de Alexiévich.

Ahora bien, cabe señalar que los postulados deconstructivistas nunca han dejado de ser objeto de críticas dentro del ámbito académico, ya que algunos estudiosos argumentan que la práctica deconstructivista aboga por la máxima «todo vale» y, con ello, convierte la lectura en un juego arbitrario de interpretaciones[6]. En este sentido, Martín Ruano (2022b) defiende que una de las principales metas de la deconstrucción consiste en poner al descubierto los procesos mediante los que ciertas interpretaciones —incluso excluyentes y parciales— se erigen como las correctas. En definitiva, se trata de revelar la naturaleza provisional de las fronteras que no solemos cuestionar. Los escritos derridianos animan a «dudar de la tradición sin destruirla» (Vidal Claramonte 2005: 5). Esto implica aprender a identificar y desafiar los límites oposicionales comúnmente aceptados —los esquemas reduccionistas dados por sentados—, abrir nuestra mente a nuevos planteamientos.

En cuanto a la traducción, Derrida buscaba subvertir la forma tradicional de verla como un ejercicio inherentemente deficiente y fallido en sus esfuerzos por replicar de manera precisa lo que debería ser idéntico en diferentes idiomas. En la filosofía derridiana, indagar sobre la traducción implica desvelar la heterogeneidad que ya existe desde el inicio, llevar a cabo descubrimientos y propiciar transformaciones. Aunque la deconstrucción sigue siendo un territorio relativamente desconocido para algunos investigadores en el campo de los estudios de traducción, no conviene olvidar que fueron las ideas deconstructivistas las que cuestionaron el estatus marginal del proceso traductor y, por ende, contribuyeron a revalorizar esta actividad tanto en la academia como en la sociedad.

Así, a lo largo del presente capítulo, hemos explorado una serie de teorías que analizan el papel simbólico del lenguaje como fuente inagotable de significados e interpretaciones. El lenguaje se presenta como un instrumento de poder, capaz de producir realidades y mover los hilos de la humanidad, y como espacio para el juego diferencial deconstructivista que lo descompone en huellas sin darnos posibilidad de trazar una raya entre original y traducción. Con todo, en el próximo capítulo, nos detendremos a profundizar en un concepto que le fascinaba tanto a Derrida: el de traducción. A saber, observaremos cómo las ideas posestructuralistas y deconstructivistas no solo propusieron una relectura de las visiones sobre el lenguaje, compañero inseparable del traductor, sino que también plantaron su semilla en el entendimiento de la traducción «como una actividad social nunca inocente que desempeña un papel central, productivo, en el mantenimiento o reconfiguración de determinadas relaciones de poder y de órdenes ideológicos, culturales y sociales» (Martín Ruano 2022b: s. p.).

---

[6] Por ejemplo, véase Villanueva (2021/2022: 277).

Capítulo 2
La ubicuidad de la traducción: nuevas propuestas teóricas

> Escrever é traduzir. Sempre o será. Mesmo quando estivermos a utilizar a nossa própria língua. Transportamos o que vemos e o que sentimos [...] para um código convencional de signos, a escritura[7].
>
> *José Saramago (2009: s. p.)*

> Civilization is the sum total of different cultures animated by a common spiritual numerator, and its main vehicle —speaking both metaphorically and literally— is translation. The wandering of a Greek portico into the latitude of the tundra is a translation.
>
> *Joseph Brodsky (1986: 139)*

Hace ya más de dos décadas, en la ceremonia inaugural del IV Congreso Latinoamericano de Traducción e Interpretación, celebrado en Buenos Aires, José Saramago comenzó su conferencia magistral con una pregunta a simple vista fácil: «¿Qué es traducir?». En esta intervención —cuyo título, «Todo son traducciones, todos somos traductores», en cierto modo anticipaba la respuesta al interrogante formulado—, el ganador del Premio Nobel incitó a desterrar dos ideas erróneas en torno a la traducción: la de ver al traductor como «un cable que une un idioma a otro» (Saramago 2003/2012: s. p.) y la de concebir la traducción como una tarea subalterna. Ambas denuncias de Saramago buscaban replantear el estatus de la traducción y socavar la perpetua marginación con la que se relacionaba la labor traslativa en la sociedad.

---

[7]   «Escribir es traducir. Siempre lo será. Incluso cuando estemos utilizando nuestro propio idioma. Transportamos lo que vemos y lo que sentimos [...] a un código convencional de signos, la escritura». [nuestra traducción].

En efecto, siguiendo la primera inquietud del renombrado novelista luso, cabe destacar que, a lo largo de mucho tiempo, la traducción se ha considerado como un mero trasvase interlingüístico, «a mechanical process, a word-by-word substitution, a problem of dictionaries» (Gambier 2016: 887), o, dicho de otra manera, un camino rectilíneo del texto A al texto B. El agente traductor, escondido tras la máscara de una supuesta neutralidad y de una incondicional fidelidad al original, debía recorrerlo prácticamente en piloto automático, esquivando algún que otro pequeño bache. Sin embargo, gracias a los planteamientos teóricos que han ido surgiendo en el marco de la traductología en los últimos treinta años, nos hemos percatado de que el camino no es ni de cerca recto, que el traductor nunca es neutro y que los textos A y B arrastran huellas de los textos C, D, E, etc. Asimismo, todos estos textos pueden ni siquiera ser *textos* en el sentido comúnmente aceptado, sino una arquitectura de signos semióticos que almacenan múltiples códigos. A su vez, es posible que el agente traductor jamás se haya autodenominado «traductor», a pesar de que cada «*anthropos* es un traductor nato» (Duch en Chillón 2010: 28) que siempre está traduciendo y traduciéndose.

Con relación a la idea de la subalternidad de la traducción que el autor portugués enfatiza en su segunda reivindicación, es importante señalar que, desde el Romanticismo, el concepto de originalidad ha ocupado un lugar fundamental en el pensamiento occidental. A tal efecto, al considerarse «no original» (véase Vidal Claramonte 2023), la traducción se concebía como una actividad secundaria, derivada y de escaso prestigio, un proceso más mecánico que creativo. El texto traducido, por su parte, se veía como una copia o una versión inferior del original. Dadas estas circunstancias, no es sorprendente que la teoría de la traducción se haya visto relegada a un estatus marginal en el ámbito académico durante años.

No obstante, como hemos adelantado en el capítulo anterior, gracias al impulso promovido por las ideas posestructuralistas y deconstructivistas —y la consecuente desestabilización de la dicotomía original/copia—, a partir de la década de los ochenta, se comienzan a redefinir el paradigma y el estatus de la traducción. La aparición de nuestra disciplina, los estudios de traducción, ha catalizado el proceso de redefinición de la traducción, que hoy en día se encuentra en un movimiento constante, «cruzando espacios y forjando *topoi* nuevos a partir de *loci* conocidos» (Vidal Claramonte 2018: 13). Más allá de actuar como una mera transmisora de significados entre lenguas, a la luz de las teorías traductológicas más recientes, la traducción se perfila como un fenómeno ubicuo de índole interdisciplinar, pilar básico de cualquier interacción comunicativa y experiencial.

Así pues, en el presente capítulo, nos acercaremos a una serie de propuestas teóricas que vislumbran el entendimiento actual del concepto de traducción. Conviene aclarar que, en el marco de este monográfico, no pretendemos ofrecer un análisis ni de la historia de la traductología ni la de la noción de traducción. Con nuestras pinceladas, buscamos poner en solfa una serie de observaciones que permitan detectar, por un lado, cómo los estudios de traducción han llegado a recibir la notoria etiqueta de interdisciplina y, por otro, en qué circunstancias hemos pasado de concebir la traducción como un espejo fiel del original en otro idioma a la idea con la que empieza José Saramago su intervención en 2003: «Todo son traducciones, todos somos traductores». A partir de estas contribuciones y reflexiones, podremos obtener una comprensión más clara de lo que implica la traducción emocional en el contexto de las obras de Svetlana Alexiévich.

2.1. La apertura interdisciplinar de los estudios de traducción

2.1.1. Más allá del horizonte: el *outward turn* y la postraducción

Al retomar la pregunta de Saramago «¿Qué es traducir?», cabe señalar que definir la traducción es un problema harto complejo. En paralelo con los múltiples cambios de paradigma que ha presenciado la traductología a lo largo de los últimos decenios, en los círculos académicos no ha cesado el acalorado debate sobre la urgencia de (no) delimitar qué es lo que significa *traducir*. Ahora bien, pese a las constantes discrepancias en detalles, entre los especialistas existe un consenso general en la naturaleza interdisciplinar tanto del propio acto traslativo como de los estudios de traducción.

Así, con cada nuevo giro que daba nuestra disciplina[8], se reacondicionaba para importar métodos, conceptos y herramientas propios de otros campos del saber. En efecto, el impacto de los estudios culturales plasmado en el giro cultural (Bassnett y Lefevere 1990), las teorías poscoloniales y feministas que se vislumbran en la traductología a partir de los años noventa, así como los planteamientos surgidos tras el giro sociológico (Wolf 2007) o el tecnológico (Cronin 2010; Jiménez-Crespo 2020), muestran el gran potencial de los estudios de traducción para integrar y aunar ideas de varias áreas de conocimiento y, con ello, ampliar el entendimiento del ejercicio traslativo. Al mismo tiempo, en el proceso de su conformación, la traductología ha experimentado la emergencia de subámbitos especializados como la traducción jurídica, económica, publicitaria o científico-técnica, por nombrar solo algunos.

Con todo, una vez consolidados sus fundamentos teóricos como una disciplina independiente, los estudios de traducción se han visto inmersos en más juegos interdisciplinares: no solo podían importar conocimientos sino también exportarlos, ofrecer sus hallazgos a las demás ramas del saber. Ya en el cierre del siglo xx, Bassnett (1998: 123) menciona el surgimiento del giro traductológico en los estudios culturales con miras a visibilizar la presencia de la traducción —entendida como un aspecto performativo de la comunicación intercultural— en este campo de investigación. Al recuperar la estela del pensamiento de Bassnett, una década más tarde Bachmann-Medick (2009) anuncia la expansión interdisciplinar del concepto de traducción y la llegada del giro traductológico a las humanidades y las ciencias sociales. Para Bachmann-Medick (2013:

---

[8] Los investigadores de los estudios de traducción suelen destacar diversos giros. Véase, por ejemplo, Gambier y Van Doorslaer (2016: 2): «[F]rom the cultural turn of the 1980s to the empirical, pragmatic, globalized, post-colonial, sociological, cognitive, technological and ideological turns (from the 1990s onwards)».

186-187), «when "translation" is no longer restricted to a particular field or object of investigation and the term has moved as a methodologically reflected analytical category across disciplines can we really speak of a "translational turn"».

A raíz del giro traductológico, el concepto de traducción se mueve más allá del plano textual y lingüístico, y emerge en otras disciplinas como una práctica cultural transnacional, una acción social, «a culture technique all of us [...] apply in our everyday lives» (Zwischenberger 2019: 260). En suma, irrumpe como un «concepto viajero» (Bal 2002), concepto dinámico que se mueve entre culturas, contextos y disciplinas para adquirir nuevos significados con cada «viaje» y a la vez enriquecerse. Asimismo, cabe señalar que la noción de traducción no solo constituye uno de los engranajes dentro de la maquinaria de las ciencias sociales y humanas —como se intuye de los textos de Bachmann-Medick (2009; 2013)—, sino que también surge en una serie de disciplinas, a primera vista ajenas a la labor traslativa: física, biología, genética, ingeniería aeronáutica, entre muchas otras (veáse Marais 2023).

Sin embargo, frente al pronóstico, el desarrollo del pensamiento traductológico ha revelado que los diálogos con otras disciplinas han sido a todas luces insuficientes. A pesar de múltiples nexos interdisciplinarios que los estudios de traducción han tejido con otros campos del saber, su continuo esfuerzo para establecerse como una disciplina independiente en las últimas décadas ha hecho que se dirijan su mirada *inwards*, hacia dentro (Bassnett 2011/2014: 240). Así, si bien el concepto de traducción ha permeado muchas ramas de conocimiento y se ha ido enriqueciendo con cada nuevo giro, la propia traductología no ha logrado encaminarse con éxito hacia otros territorios epistemológicos (Zwischenberger 2019) y ha seguido centrándose en problemas de índole lingüística, así como en el análisis interlingüístico, a veces incluso con aires prescriptivistas. Como resultado, ha continuado aislándose cada vez más de otras áreas.

Una propuesta para cambiar este rumbo disciplinario surge hace más de diez años de la mano de Bassnett (2011/2014), quien anima a apostar por la inminente apertura progresiva de los estudios de traducción y a difuminar los límites autoimpuestos de la disciplina. En efecto, ya era hora de que los estudios de traducción no solo exportaran conceptos a otras disciplinas, sino que también los importaran o, por expresarlo con Bassnett (2014: 25), «we inside translation studies need to look outwards, to promote some of the excellent research in translation studies more effectively to our colleagues, to engage more in interdisciplinary, collaborative projects». Fruto de este llamado inicial, en 2019 oficialmente nace el *outward turn*, giro hacia otras disciplinas, inaugurado por Bassnett y Johnston (2019) en un número especial de la prestigiosa revista *The Translator*. En esta influyente publicación, los autores incitan a sumarse a la búsqueda de una comprensión más amplia del término *traducción*, más allá del trasvase entre lenguas, e invitan a entender este fenómeno como un elemento fundamental de todo acto comunicativo.

El *outward turn* ubica la traducción en un ámbito de constante movimiento, la exhibe como un concepto viajero (Bal 2002), con vistas a, por un lado, desdibujar sus márgenes y aproximarla a otras disciplinas, y, por otro, constituir espacios interdisciplinares en el marco de la propia traductología para nutrirla de nuevos fundamentos teóricos y reflexiones innovadoras. Este giro —un viraje más que ha atravesado la traductología— insta a los investigadores a mirar más allá del plano lingüístico para ahondar en procesos intersemióticos y acercarse a los textos en su sentido más amplio, textos que se componen de imágenes, sonidos, colores, sensaciones, etc. En suma, los estudios de traducción necesitan «to expand outwards, to improve communication with other disciplines, to move beyond binaries, to engage with the idea of translation as a global activity and to configure the planetary into all our thinking» (Bassnett y Johnston 2019: 187). A su vez, como defiende Zwischenberger (2019: 260), este cambio de paradigma impulsaría aún más el giro traductológico, al igual que traería beneficios a nuestra disciplina, convertida en *hub interdiscipline* de la mano de Bassnett y Johnston (2019: 186).

En la línea del giro hacia afuera, la traducción emerge en la galaxia interdisciplinar como «a model for disciplinary linking, able to describe quite a number of contemporary phenomena» (Gambier y Van Doorslaer 2016: 6). Gracias al interés hacia el fenómeno traslativo en diversos campos epistemológicos, la traductología se plasma como una interdisciplina por excelencia, un territorio en el que confluyen y del que beben distintos saberes. Reafirmar los estudios de traducción como una interdisciplina permite atribuirle al concepto de traducción una metáfora de antorcha que ilumina investigaciones en varias disciplinas y arroja luz sobre distintas cuestiones de otras ramas de conocimiento (Martín Ruano 2022a: 48).

En este sentido, Nergaard y Arduini (2011: 8-9) van más allá y anuncian la muerte de los estudios de traducción para, acto seguido, resucitarlos con una etiqueta de transdisciplina, «transdisciplinary research field with translation as an interpretive as well as operative tool», y rebautizalos como *post-translation studies*, los estudios de postraducción, «where translation is viewed as fundamentally transdisciplinary, mobile, and open ended». Al colocar los estudios de postraducción en la encrucijada transdisciplinaria —por encima de otros ámbitos del saber—, estos teóricos persiguen transgredir sus fronteras disciplinarias a fin de desarrollar nuevos caminos de investigación, al igual que años más tarde proclamarán Bassnett y Johnston (2019) con su *outward turn*.

El camino hacia los estudios de postraducción se retoma en 2017 por Gentzler, quien rescata el concepto de *post-translation* (postraducción) para potenciar el análisis traductológico de una gran variedad de textos y objetos «from art, architecture, ethnography, memory studies, landscape, psychology, semiotics, philosophy, economics, gender studies, race, class, and ethnic studies» (Gentzler 2017: 1). En pos de derrumbar las fronteras tradicionales de los estudios de traducción, se pregunta

> what if we erase the border completely and rethink translation as an always-ongoing process of every communication? What if translation becomes viewed less as a temporal act carried out between languages and cultures and instead as a *precondition* underlying the languages and cultures upon which communication is based? What if we consider the political, social, and economic structures as built upon translation? (*ibid*.: 5).

Además de crear y promover las etiquetas de *hub interdiscipline* o los estudios de postraducción, tanto Bassnett y Johnston (2019) como Gentzler (2017), Nergaard y Arduini (2011) centran su mirada en la ubicuidad del concepto de traducción. Así pues, para Nergaard y Arduini (2011: 12), la traducción «is a universal and characteristic aspect of our contemporary world». Al mismo tiempo, Bassnett y Johnston (2019: 186) la califican como una práctica que «spans the key human processes of becoming and being, of change and cognition», y alientan a seguir ampliando nuestro entendimiento de este fenómeno. Por último, Gentzler (2017: 217) anima a despegarnos del logocentrismo a fin de identificar nuevos objetos de estudio interdisciplinares mirando «beyond the linguistic and literary to music, lights, set, costumes, gestures, make-up, and facial expressions to better understand this new intercultural and intersemiotic age of translation». En definitiva, al incentivar las investigaciones inter- y transdisciplinares de los estudios de traducción, no solo se tienden puentes entre varios campos del saber, sino que también queda patente toda la complejidad que se esconde detrás de la palabra tan aparentemente sencilla como *traducir*.

2.1.2. **La traducción como un proceso ubicuo**

En palabras de Vidal Claramonte (2022: 2), «[i]n today's world, images, sounds, sensory perceptions, nonverbal communication, spaces, linguistic spaces, cities, and even bodies are considered texts because they communicate». Y, dada su naturaleza comunicativa, participan en el proceso traductor, que, de este modo, se torna ubicuo (Blumczynski 2016).

Cabe señalar que los intentos de ensanchar las márgenes del entendimiento de la traducción para subrayar su naturaleza ubicua se remontan al siglo xx. En este sentido, es preciso nombrar la reconocida triada de Roman Jakobson (1959/1971: 261), quien, inspirándose en los postulados de Peirce, distingue entre la traducción intralingüística (reformulación por medio de signos verbales en el marco de la misma lengua), interlingüística (traducción propiamente dicha) e intersemiótica (interpretación de los signos verbales de un texto mediante los signos de un sistema no verbal). Al igual que sucede con Jakobson, resulta imposible negar el papel de Jacques Derrida en la ampliación de la concepción del proceso traductor: como hemos explicado en el primer capítulo, el concepto de traducción le fascina a este teórico deconstructivista hasta tal punto que llega a colocarla en el origen de la filosofía (Derrida 1982/1985: 120).

Otro ejemplo del filósofo que busca desdibujar el rígido entendimiento de la traducción en la centuria pasada es George Steiner. Bebiendo tanto del modelo de Jakobson como de la teoría de la comunicación, en su famosa obra *After Babel*, Steiner (1975/1976: 261) insiste en que la traducción «extends far beyond the verbal medium». Por último, dignas de mención son las propuestas semióticas de Yuri Lotman, quien en varios escritos recurre al concepto de traducción. Así, en opinión del semiólogo soviético, la experiencia humana del mundo se construye como un sistema permanente de traducciones internas (Lotman 1978/1992: 37).

No obstante, los primeros impulsos teóricos que buscaban reinterpretar la traducción han entrado en los anales de la traductología como episodios puntuales. Sin lugar a duda, una mirada abarcadora y plural a la traductología —lanzada desde el *outward turn* (Bassnett y Johnston 2019) y la propuesta de los estudios de postraducción (Gentzler 2017; Nergaard y Arduini 2011)— ha sido la pieza clave que ha permitido ampliar el concepto de traducción y quitarle el sello de la actividad únicamente interlingüística, que a lo largo de tanto tiempo tapaba sus otras dimensiones. Como muestran con rotundidad las últimas tendencias epistemológicas, es un fenómeno mucho más complejo, un elemento constituyente de todo acto comunicativo y experiencial que trasciende el plano interlingüístico e incluso lingüístico. El nuevo entendimiento de la traducción borra de manera definitiva una visión rígida y estática del texto fuente y el meta y, con ello, el análisis lineal de la actividad traslativa.

La mirada a la ubicuidad del proceso traslativo (Blumczynski 2016) abre caminos inexplorados en la traductología al colocar la traducción en un pedestal transdisciplinar y promoverla como un mecanismo esencial que vertebra la sociedad y articula nuestro mundo. Así, «en cada momento, en cada acción que realizamos, activa o pasivamente, estamos traduciendo», destaca Vidal Claramonte (2010: 20). Es una condición vital, porque «[s]i vivir es hablar, y hablar es traducir, resulta claro que vivir es traducir» (Duch 1995/1998: 467). Accedemos a las realidades externas, así como a nuestras propias realidades internas, a través de la traducción. Diariamente traducimos nuestras ideas y entablamos diálogos con nosotros mismos, así como con los demás, gracias a la traducción:

> We are all translators, in one way or another, even those of us who only live with one language in our heads. Engaging with different people in our daily lives, we also engage in acts of translation, as we shift linguistic registers, edit and adapt what we choose to communicate, reshape narratives in different contexts for different people (Bassnett 2011: 1).

A la luz de este pensamiento innovador, leer el mundo como un texto y traducirlo para interpretarlo de una infinitud de maneras se vislumbra como un inevitable quehacer humano. Al mismo tiempo, la traducción irrumpe como un concepto móvil, fluido, caleidoscópico, dinámico, capaz de funcionar como un prisma, una clave explicativa en múltiples contextos. Tal y como argumentan Nergaard y Arduini (2011: 13), «[t]ranslation is poised to become a powerful epistemological instrument for reading and assessing the transformation and exchange of cultures and identities».

Huelga destacar que, acorde a estas nuevas abarcadoras perspectivas de nuestra disciplina, cada vez hay más publicaciones traductológicas con enfoques interdisciplinares que buscan ampliar tanto los objetos de estudio como la propia conceptualización de la traducción. Muchos investigadores recurren a la traducción como un punto de conexión entre distintos campos del saber, una lente para aproximarse a los fenómenos como globalización (Bielsa 2005; Bielsa y Kapsaskis 2021; Cronin 2003), migración (Inghilleri 2017; Nergaard 2021) o política (Fernández y Evans 2018). Algunos teóricos más avanzados, como Cronin (2017), ubican la práctica traslativa en el mundo biológico, para mostrar su naturaleza de un agente interespecie, un modo de comunicación entre personas, por un lado, y animales, por otro.

A saber, desde una óptica de la ubicuidad del proceso traslativo (Blumczynski 2016), los movimientos sociales traducen las narrativas oficiales (Fernández 2021), las ciudades y los museos emergen como espacios de traducción (Lee 2021; Leiva Rojo 2020; Simon 2012, 2021; Sturge 2007), los mapas geográficos se escenifican como traducciones de los paisajes reales (Italiano 2021; Vidal Claramonte 2012), la comida se convierte en un objeto mediante el que las personas traducen sus culturas (Vidal Claramonte y Faber 2017). La danza (Bennett 2007), la música (Minors 2012; Vidal Claramonte 2017) y el arte visual (Vidal Claramonte 2022) son frutos de la actividad traslativa por excelencia, al igual que el cuerpo, junto con las sensaciones y las emociones, puede estudiarse desde las coordenadas traductológicas. La publicación de los monográficos colectivos, como *Translation Beyond Translation Studies* (Marais 2023), pone al descubierto el papel del acto traslativo en matemáticas, biología, geometría, ciencias sociales y humanidades. El proceso traductor se manifiesta en los textos de carácter histórico: en el siguiente capítulo, nos detendremos en la relación intrínseca entre la traducción, la historia y la memoria, para posteriormente aplicar nuestros hallazgos conceptuales al análisis de la obra de Alexiévich. En resumen, estamos ante «translation as an all-encompassing process, like an organism, that feeds off many thoughts and theories, and is capable of growth and adaptation» (Beattie, Bertacco y Soldat-Jaffe 2023: 3).

2.2. LA TRADUCCIÓN EN MOVIMIENTO: DE *TRASLATIO(N)* A *EMOTIO(N)*

2.2.1. Del concepto metafórico al (bio)semiótico

La ubicuidad de la traducción la convierte en un concepto cargado de tintes metafóricos. En efecto, varios investigadores hablan de la traducción como una metáfora (Nergaard y Arduini 2011: 8; Rafael 2023: 19). Si bien algunos estudiosos se oponen a ello[9], hay otros que, en cambio, animan a fijarse en sus «inevitably metaphorical extensions» (Blumczynski 2023a: 21). La paradoja consiste en que en el discurso académico recurrimos al lenguaje metafórico constantemente —incluso a la hora de examinar la traducción interlingüística—, de ahí que resulte difícil evitarlo.

Asimismo, como destaca St. André (2010: 12), al indagar acerca del origen etimológico de ambas nociones, descubriremos que la metáfora es una metáfora del concepto de traducción, al tiempo que la traducción es una traducción del concepto de metáfora. Entre estos dos vocablos existe una relación íntima, cuyo vínculo principal es la idea del movimiento. Tal y como explica Guldin (1998/2020: 324-325),

> [t]he notions of metaphor and translation are related in several ways. In European and Anglophone culture, they share a common etymology. The Greek *metaphorá* —from *metá*, meaning across, after, and *phérō*, to bear, to carry— was translated into the Latin *translatio* —from *transferre*, *translatus*, to transfer, to convey across. Besides having the same meaning, the Latin

---

[9] Véase Bachmann-Medick (2013: 188), Bennett (2022: 62) o Marais (2019: 33).

translatio and the Greek *metaphorá* can also be used to mean both translation and metaphor […]. The word *translation* is thus already a spatial metaphor for the process of translation.

Traducir es una forma de generar metáforas. Al igual que la metáfora, el ejercicio traductor implica un traslado, es un constante gerundio, que siempre entraña un cambio, una relocalización, un vaivén: en suma, lo contrario a la persecución de una equivalencia fija. Huelga recordar que ya Benjamin (1923/1996) colocaba la noción de movimiento en el centro de sus reflexiones traductológicas. Para este filósofo, el trasvase lingüístico —un movimiento hacia el lenguaje puro— impulsaba el texto origen y, con ello, lo dotaba de supervivencia.

Volviendo a la etimología, es importante destacar que —a raíz de la continua búsqueda de reconceptualizar el acto traslativo— cada vez se realizan más estudios que desplazan la noción de traducción a su significado etimológico, a la actividad en constante movimiento. En este sentido, de manera progresiva crece el número de investigadores que recurre a la idea medieval de *translatio*, concepto que abarca tanto la transmisión de conocimientos y la transferencia del poder de una región del mundo a la otra, *translatio studii i imperii* (véase Bennett 2023; Bertacco 2023; Blumczynski 2023a), como el movimiento físico de personas y objetos[10].

Como defiende Bertacco (2023: 120-121), «the topos of *translatio*, from which the modern notion of translation derives, encompasses in a clear and important way not only geography, language and texts but much more —an intricate web of material, cultural, intellectual and political practices and processes». Durante la Edad Media, se empleaba para todo tipo de transferencias espaciales y temporales con un enfoque en el proceso más que en el producto. Cabe añadir que, hoy en día, desde las coordenadas de *translatio*, algunos investigadores instan a que los estudios de traducción presten más atención a la dimensión temporal del proceso traductor (Marais 2019: 74).

En cuanto a la idea de *translatio studii*, Robinson (2017: 200) se vale de esta metáfora medieval para aproximarse a la traducción de conocimiento entre distintos sistemas epistemológicos y transformar la famosa triada de Jakobson (1959/1971) en una tétrada al agregarle el cuarto pilar bautizado como *interepistemic translation*[11]. *A su vez, partiendo tanto de la noción translatio studii como de la de interepistemic translation*, Bennett (2023) anuncia que el proceso traductor es esencial no solo para la difusión del conocimiento, sino también para nuestra conceptualización de lo que es el conocimiento. En su reciente publicación, esta teórica anima a revisar, a través de una lente traductológica, los mecanismos detrás de la elaboración de los materiales científicos educativos y divulgativos, así como la traducción del conocimiento especializado en la obra literaria y artística.

---

[10]   Nos centraremos en este entendimiento de *translatio* en las próximas páginas.

[11]   El enfoque propuesto por Robinson (2017) ha servido de inspiración para crear un proyecto titulado «Epistemic Translation: Towards of Ecology of Knowledges», liderado por Karen Bennett y Marco Neves (CETAPS, Universidad Nova de Lisboa).

Además de *interepistemic translation*, Robinson (2017) acuña otro concepto relativo a la transferencia de aprendizaje: *translationality*, «the shifting "foundation" of human knowledge», «the constant emergingness of everything, through embodied, situated, performative interactions» (*ibid*.: x). Entendida como una interconexión transformadora de carácter semiótico establecida entre prototexto y texto meta en su sentido más amplio, la perspectiva de *translationality* cada vez cobra más protagonismo en las investigaciones de índole traductológica. A tal respecto, cabe mencionar *Experiencing Translationality: Material and Metaphorical Journeys*, el último libro de Piotr Blumczynski (2023a), quien llega a definir este término como «what makes translation a translation» (*ibid*.: 3)[12]. Bajo el prisma de Blumczynski, la *translationality* sirve de una especie de faro que permite detectar la presencia de la traducción en diversas prácticas, que, a simple vista, no guardan relación directa con la labor traslativa.

A su vez, en su reconocido monográfico, titulado *A (Bio)Semiotic Theory of Translation: The Emergence of Social-Cultural Reality*, Kobus Marais (2019: 43) también insiste en que *translationality* debe asumir el rol en uno de los conceptos clave de los estudios de traducción: «We need to be able to study the translationality of all and any phenomena. However, a theory limited to language will not provide that to us. […] We need to understand the full semiotic scope of translationality». Al referirse a su presencia en todos los fenómenos, este investigador aboga por la ubicuidad de la traducción, en su conceptualización como

> negentropic semiotic work (performed by an agent) in which any one or more of the components of a sign system or any one or more of the relationships between them are changed, or in which the relationship between the sign and its environment (time and/or space) is changed. This means that if the code is changed, a translation has taken place. (*ibid*.: 141).

Enraizada en la teoría semiótica peirceana, la propuesta de Marais de concebir la traducción en términos de la (bio)semiótica —proceso que involucra a todos los organismos vivos— alberga una visión pionera en la traductología. A saber, desde esta perspectiva, la traducción emerge como un motor de la creación de los significados, es decir, siempre que se lleva a cabo cualquier cambio de código y se produce un nuevo significado, tiene lugar el acto traslativo. El enfoque (bio)semiótico ensancha aún más el concepto de traducción a fin de presentarla como un instrumento prácticamente universal con el que los investigadores pueden acercarse a diferentes campos del saber, en consonancia con el *outward turn* de Bassnett y Johnston (2019).

---

[12] Más adelante volveremos nuestra mirada a esta publicación de Blumczynski, así como a su concepción de *translationality*.

2.2.2. **Lo material y lo experiencial en/de la traducción**

Según Italiano (2020: 7), «[o]ne of the meanings of the Latin term *translatio*, before it entered the linguistic scene with the contribution of Leonardo Bruni's *De interpretatione recta* at the beginning of the fifteenth century […], indicates in Christianity the solemn transmission of relics». En su reciente publicación, Blumcynski (2023a) se apoya en este origen etimológico del vocablo *translation* para devolverle al concepto de traducción su esencia de acto material y estudiar cómo el *translatio reliquarum*, traslado de reliquias y óseos sagrados, en el sentido tanto físico como metafórico, es capaz de contribuir a nuestro entendimiento de la actividad traductora. Así, traducir se convierte en «to move (meaningful) things around» (Blumcynski 2023a: 2), edificar una conexión con otros tiempos, lugares, personas y objetos.

En los últimos años, varios traductólogos destacan la presencia cada vez más pronunciada del llamado «giro material» en los estudios de traducción, en consonancia con el creciente interés hacia las tendencias posthumanistas en las humanidades. A la luz de esta nueva vertiente epistemológica, la materialidad se plasma como un hábitat legítimo del proceso traslativo (Beattie, Bertacco y Soldat-Jaffe 2023: 2; Bennett 2022), al igual que el tiempo y el espacio.

Inaugurado por Littau (2011; 2016), este giro inicialmente se centra en los instrumentos de traducción, así como múltiples soportes físicos que acompañan el quehacer traductor. Ahora bien, impulsados por los enfoques del giro material, algunos estudiosos dirigen su mirada más allá de las herramientas que rodean la labor traslativa, entendida en su sentido tradicional, y analizan los objetos cotidianos que también traducen y se traducen. Así, entre los trabajos pioneros que iluminan la interconexión entre materialidad y traducción podemos nombrar el monográfico de Finbarr B. Flood (2009), *Objects of Translation. Material Culture and Medieval «Hindu-Muslin» Encounter*. Este reconocido especialista en cultura islámica parte del concepto de traducción para analizar vestimenta, monedas, frescos, templos, prácticas rituales, etc. en la vida de las élites indias durante el periodo de la Edad Media. En este contexto, los objetos del pasado sirven como un excelente dispositivo para acercarse a la historia y traducirla. En resumen,

> attention to things in translation —attention to objects, materialized forms in the physical world represented in translation— can offer us powerful insights not only about the various ways in which translation has engaged with things but also indirectly about the relations between people and things. (Goldfajn 2023a: 455).

> The chemist who analyzes the stone and the paleontologist who studies the fossil of the fish are both fulfilling a translation function, creating an interpretant from a material representamen. […] [I]t is not only words and thoughts that can be mutually translated, but material reality can be translated into thought too. (Marais 2019: 111).

Al abrigo del giro material, se ha consolidado un espacio idóneo para que los investigadores —que buscan mostrar toda la complejidad del significado más allá de lo verbal— se adentren en las reflexiones acerca de la función que desempeña la traducción en las instalaciones artísticas (Bertacco 2023; Vidal Claramonte 2022), en los objetos personales de los migrantes como monumentos vivos de su memoria (Radstone 2021; Simon y Polezzi 2022; Vidal Claramonte 2024), en las pertenencias de los supervivientes del Holocausto como transportadores de sus traumas (Brodzki 2007; Ciribuco y O'Connor 2022), etc. Los objetos adquieren sentido siempre y cuando se traduzcan, se expresen a través de la narrativa, porque los experimentamos mediante diversas capas narrativas que se han ido acumulando a lo largo del tiempo. Asimismo, los objetos traducen emociones, y estas traducciones emocionales nunca son dos piezas idénticas, dado que cada traductor inserta significados diferentes al interpretar dichos objetos. A este tenor, en busca se atribuir una dimensión emocional a los ajuares de migrantes, Ciribuco y O'Connor (2022: 6) introducen el concepto de *tangible translation*:

> If the emotional, cultural, and personal importance of objects in the migratory experience is undeniable, looking at it from a translational point of view means looking at the various ways in which the significance of a "thing" is expanded and transformed to encompass the movement of meaning across different landscapes.

Al igual que la traducción se halla en incesante movimiento, los objetos no son entes estáticos: «[t]hey are in fact caught up in circuits of movement —the result of histories of transformation» (Simon 2023: xv). Los significados no residen en las huellas materiales de forma natural ni tampoco se les puede asignar significados fijos de manera artificial. Nacen en el proceso de circulación, uso y háptica de los objetos, en el punto en el que se entrecruzan distintas trayectorias significantes, que abarcan procesos cognitivos, sentimientos, emociones, narrativas y conexiones afectivas entre varios agentes implicados en el acto semiótico en cuestión (Ciribuco y O'Connor 2022; Petrilli 2023; Vidal Claramonte 2024). Cargados de emociones, los objetos cuentan historias silenciadas, conmoviendo al espectador o al lector. En definitiva, «[i]f translation entails a sort of movement of words and concepts from one (physical and/or ideal) space to another, looking at materiality can enable a multilayered conceptualization of the processes and cultural significance unleashed by this movement» (Ciribuco y O'Connor 2022: 5).

Mover los objetos, traducirlos, implica sentir su tamaño, su forma, su textura y su peso, así como, en muchas ocasiones, su olor y su sabor (Blumczynski 2023a: 11). A fin de cuentas, es una experiencia corporal. Así pues, entre los objetos —soportes materiales que traducen y se traducen—, Littau (2016: 86) menciona los cuerpos humanos. El cuerpo, como bien explica Blumczynski (2023b: 9),

> is a material object with specific physical allowances as well as constraints: it has a certain (spectrum of) size, weight, density, shape, colour, texture, smell and so on. It can only be materially present in one place at a time: the condition known as ubication. A desire or need to experience its presence elsewhere demands translation in the strictest etymological sense: leading or carrying it across.

Cabe aclarar que la idea de analizar el cuerpo humano como un texto que traduce y se traduce está cobrando cada vez más protagonismo en la traductología. A tal respecto, podemos nombrar el trabajo de Bennett (2007), que ahonda en los movimientos de ballet en términos de la traducción intersemiótica, así como el estudio de Vidal Claramonte (2022) sobre la fotógrafa Cindy Sherman, quien «translates outward by using her own body as a text that rewrites other bodies in order to deconstruct the male gaze» (*ibid*.: 65). En la misma línea, se encuentran las indagaciones de Baynham y Lee (2019) acerca de los gestos en capoeira y baloncesto —que también traducen—, o las de Rodríguez Arcos (2019), que reflexiona sobre las reescrituras del cuerpo femenino en los medios de comunicación. A su vez, Rafael (2023: 19-20) ofrece la siguiente visión de la relación entre el cuerpo y la traducción:

> We can think of encountering translation as language that adheres to the body. That is, it makes it possible to govern the body in relation to what constitutes the self in relation to others. Who am I? What am I? Who are these people I see? And how do they see me? How do they see me seeing them? Translation is inseparable from the formation of the realm of the imaginary. What must I do to translate, make legible my body — to transfer it socially, to transport it across physical and cultural borders, to move it safely across the sea of humanity?

El cuerpo se plasma en la encrucijada entre distintos campos del saber, «because it has always been a powerful metaphor for the understanding and exploration of social issues, sexual controversies and cultural debates» (Federici y Parlati 2018: 7). Y, según Baynham y Lee (2019: 29), debe concebirse como un objeto semiótico con sus propias características comunicativas. De igual manera, parece sensato afirmar que lo sensual, un fenómeno inherente a la corporalidad, también posee el poder de comunicar (véase Vidal Claramonte 2025). A través de las sensaciones, nos acercamos a lo real y lo experimentamos; es la forma de que nuestro cuerpo interpreta y, por ende, traduce lo que nos rodea. Traducimos no solo con los ojos, sino con todos los sentidos (Campbell y Vidal 2019a: xxix).

«What kind of reality does translation studies construct if it never deals with the translation of touch, smell or taste?», se pregunta Marais (2019: 55) con miras a criticar el estado actual de la traductología. Con este interrogante, pone en tela de juicio el hecho de que, al centrarse en el plano lingüístico, los investigadores han descuidado muchos otros niveles en los que tiene lugar la práctica traslativa. No obstante, acorde a estas demandas de Marais —en el contexto del giro material y el creciente interés por el cuerpo en la traductología— recientemente ha surgido un nuevo y apasionante campo de estudio en nuestra disciplina: las percepciones sensoriales.

La llamada *sensuous translation*, término acuñado por Vidal Claramonte (2025), hunde sus raíces en el giro sensorial en la antropología a principios de los años noventa (véase Howes 2022). Se trata de una forma de traducción que tiene en cuenta todos los sentidos y se fundamenta en la idea de que el conocimiento se transmite mediante el cuerpo. A través de los canales sensoriales creamos narrativas biológicas, susceptibles a la traducción.

Ya Gentzler (2017: 230) argüía que las traducciones son multisensoriales, de ahí que en el marco de los estudios de traducción se deban incluir enfoques multisensoriales de análisis. En este punto, Marais (2019: 146) propone establecer los cinco sentidos como categorías básicas para el examen traductológico: «tactile information about the skin of an elephant will lead to a different interpretant than olfactory information about the same skin. Thus, I suggest that one could have at least five subcategories of representamen translation, namely visual, aural, tactile, olfactory, and gustatory».

A raíz de esta nueva perspectiva epistemológica, la traducción se convierte en una *experiencia* tanto corporal como sensorial, en un movimiento de cuerpos, objetos, percepciones y emociones, «across fluid borders, entangled modes and senses» (Campbell y Vidal 2019a: xl; véase también Campbell y Vidal 2024). Para Blumczynski (2023a), la traducción es un fenómeno profundamente experiencial, dado que la experiencia reside en la base de la *translationality*, en lo que hace que una traducción sea una traducción. Así, la *translationality* se comprende como «something to be experienced» (*ibid.*: 41), «that aspect of material culture that experientially connects us to other people, places, times, and sensations» (*ibid.*: 192-193).

En el año 2021, el interés hacia la traducción experiencial en los círculos universitarios da lugar a la creación de Experiential Translation Network[13], red académica pluridisciplinar de carácter internacional, liderada por Ricarda Vidal y Madeleine Campbell. Partiendo de la amplia noción de traducción —con los cinco sentidos—, los investigadores adscritos a este equipo buscan examinar la materialidad y la multimodalidad del proceso traductor, su papel en la comunicación glocal (Campbell y Vidal 2024), el componente lúdico de la actividad traslativa (Lee 2022), entre otros temas.

Desde las coordenadas de la traducción experiencial, traducir implica experimentar lo no verbal a través de diferentes canales sensoriales. Así, la práctica traductora vuelve somática (Robinson 1991), táctil, sensorial, y sirve «as an awareness-raising tool to promote empathy and cultural literacy by going beyond verbal expressions of difference through embodied experience» (Campbell y Vidal 2019b: 31). Si bien esta visión busca ubicar la traducción más allá de lo lingüístico, es menester que las percepciones sensoriales se verbalicen, ya que «experiences evaporate unless we know how to name them; language becomes the indispensable repository of our collective experience» (Scott 2019: 88).

Al mismo tiempo, conviene precisar que las percepciones humanas no son en absoluto universales. Amén de construirse a partir de las experiencias personales de cada sujeto, se moldean bajo la influencia de la cultura y la sociedad en las que dicho sujeto habita. A saber, percibimos olores, sabores e imágenes de manera diferente; les otorgamos un significado propio en función los mitos (Barthes 1957/1999) en los que vivimos sumergidos. Los mismos objetos nos brindan variadas experiencias sensoriales y, con ello, distintas emociones, otro concepto que —tras el paso aperturista de nuestra disciplina— ha penetrado en las recientes investigaciones de índole traductológica.

2.2.3. Traducción y emociones: hacia el giro emocional

Antes de atenuar las distancias epistemológicas entre la traducción y las emociones, es imprescindible explicar que desde hace tiempo se concitan acaloradas discusiones sobre el

---

[13]   Véase https://experientialtranslation.net/. Las actividades de la red están financiadas con el proyecto de investigación «Experiential Translation: meaning-making across languages and the arts» (AH/V008234/1), concedido por el Consejo de Investigación de Artes y Humanidades del Reino Unido.

significado del concepto de emoción, así como de términos relacionados como *sentimiento* o *afecto*. Estos debates terminológicos se generan principalmente en círculos académicos angloparlantes y giran en torno a la correspondencia entre *affect, feeling* y *emotion*. Sus enfoques a menudo dependen de la disciplina a la que esté adscrito el investigador.

Así, el reconocido neurocientífico, Antonio Damasio (2004: 50, 52), define *emotions* como «bioregulatory reactions», que aseguran la supervivencia y el bienestar del individuo, mientras que *feelings* se conciben como «mental representations of physiological changes that occur during an emotion», es decir, surgen de la interpretación de las emociones. Desde la órbita de las ciencias sociales, Sara Ahmed (2004/2014) conceptualiza las emociones como prácticas culturales y realidades públicas en circulación, que adquieren sus significados en el contacto social. Asimismo, opta por evitar las distinciones entre *emotion* y *affect* a fin de utilizar ambas expresiones de manera intercambiable. En cuanto a los estudios de traducción, Kaisa Koskinen (2020: 5) prefiere el concepto *affect*: mientras que *emotion* tiende a entenderse como un estado interno procesado cognitivamente, la definición de *affect* es menos rígida y permite incorporar «biological sensations, cognitively felt emotions and social constructions of acceptable emotional responses within one framework» (*ibid.*: 1-2). Por último, la mirada semiótica atisba en las emociones fenómenos mediados por signos, representaciones semióticas (Petrilli 2023: 1), cuya manifestación siempre es corporal, «[u]nlike affect, whose effects are not necessarily manifest» (Petrilli 2022: 19).

Siguiendo los planteamientos de Rojo López (2022: s. p.) y Tabakowska (2016: 39), recurriremos al concepto de emoción, un término paraguas que engloba sentimientos, sensaciones, efectos corporales, estados de ánimo y otros fenómenos relativos al afecto, que se expresan de forma verbal y no verbal. Esta elección se debe a la necesidad de simplificar el discurso relativo a lo emocional, dada la inmensa complejidad de distinguir fenómenos como afecto, emoción y sentimiento. Además, decidimos recurrir al término *emoción* debido a su amplio uso en la vida diaria (Ahmed 2004/2014: 207; Damasio 2003: 27).

Llegados a este punto, volvemos a verter nuestra visión en la traducción. Así, la traducción experiencial —en un movimiento perpetuo— no solo integra lo corporal, lo material y lo sensual, sino que también posee un componente emocional, que, como una especie de pegamento, une todas estas dimensiones. Las emociones no pueden separarse de las sensaciones corporales (Ahmed 2004/2014: 12), se basan en experiencias sensoriales (Pernau 2019: 11), al tiempo que presentan un férreo vínculo con los objetos cotidianos:

> [F]ew if any perceptions of any object or event, actually present or recalled from memory, are ever neutral in emotional terms. Through either innate design or by learning, we react to most, perhaps all, objects with emotions, however weak, and subsequent feelings, however feeble. (Damasio 2003: 93).

Sin guardar mucha relación a simple vista, la traducción y la emoción conviven en una suerte de simbiosis, son dos nociones intrínsecamente ligadas entre sí. El contacto con el mundo, tanto exterior como interior, tangible e intangible, entraña una respuesta afectiva, un acto de mediación, una traducción emocional. A su vez, desde la perspectiva semiótica (véase Petrilli 2023: 9), la percepción de las emociones se entiende como una experiencia mediada por signos y, con ello, como el resultado de una labor interpretativa, una traducción.

Paradójicamente, en el origen etimológico de ambos conceptos radica la idea de movimiento. A este tenor, abogamos por recordar la etimología de *translatio*, que estriba en la perspectiva de desplazamiento, cambio de posición tanto a nivel físico como metafórico. En cuanto al vocablo *emoción*, proviene del latín *emotio*, un sustantivo que deriva del verbo *emovere* (*ex* + *movere*), con el significado de «hacer mover» o «mover hacia fuera». Al igual que la traducción puede conceptualizarse como cualquier movimiento en el espacio o en el tiempo de las relaciones entre un objeto y su representación (Marais 2019: 138), las emociones involucran un movimiento de aproximación y distanciamiento de los demás, y, de esta manera, configuran los límites en el contexto social y corporal (Ahmed 2004/2014: 209). De manera similar a cómo los significados que atribuimos a los objetos emergen constantemente en el proceso de traducción, las sensaciones y las emociones no residen en sujetos u objetos, sino que devienen como efectos de circulación. En definitiva, las emociones son lo que nos (re)mueve, impulsa, y estos torrentes emocionales conllevan flujos interpretativos, traducciones de lo que sentimos.

Por otro lado, nos encontramos ante dos conceptos que, en el transcurso de los siglos, se han visto reducidos a dicotomías que limitaban drásticamente su conceptualización: original/traducción y razón/emoción[14]. Si bien ya hemos ahondado en la crítica del binomio relativo a la actividad traslativa, urge precisar que, en la actualidad, la oposición valorativa que pretende exhibir la emoción como lo opuesto la razón, como algo irracional, ha sido en buena medida desmitificada. En palabras de Hubscher-Davidson (2018: 10), «[i]n recent years, the sharp distinction that had traditionally been made between rational thought and so-called subjective feelings has been heavily challenged, as it has become apparent that cognition and emotion are not isolated entities».

Ambos fenómenos se hallan envueltos en dinámicas semióticas (Marais 2019; Petrilli 2022, 2023). Lejos de ser innatas, las emociones irrumpen como frutos de la circulación de discursos en el sentido foucaultiano. Del mismo modo, más allá del complejo estado psicológico, se manifiestan como prácticas culturales y sociales, productos propios de cada época, cultura e ideología (Ahmed 2004/2014). En esta aproximación a lo afectivo, se aprecian ciertos aromas a los postulados del giro cultural en la traductología (Bassnett y Lefevere 1990). En suma, aludir tanto a las emociones como a la traducción significa, por decirlo con Goldfajn (2023b: 46), «to talk about society, identity, culture, power and the politics of everyday life».

Asimismo, pese a la aparente transparencia de ambas nociones —al fin y al cabo, se trata de dos palabras que usamos en nuestra vida cotidiana—, su definición acarrea un trabajo harto complejo, ya que son conceptos esquivos y difíciles de definir. En

---

[14] En esta dicotomía se percibe la influencia del famoso dualismo cartesiano mente/cuerpo.

este aspecto, en lugar de encasillarse en definiciones rígidas, Blumczynski (2023a: 7) sugiere reflexionar sobre el tema de «What does translation do?», al tiempo que Ahmed (2004/2014: 191) fomenta a centrarse en el interrogante «What do emotions do?». Dichas preguntas de carácter semejante animan a desplazar la atención hacia el efecto y la repercusión generados por estos dos fenómenos, amén de discutir sobre su naturaleza escurridiza. Curiosamente, los investigadores llegan a conclusiones similares: la traducción y la emoción son, ante todo, experiencias de contacto: «translationality involves an experience of connecting —metaphorically, but through material, sensory mediation— with another reality across temporal and spatial distance» (Blumczynski 2023a: 180), mientras que «emotions are a matter of how we come into contact with objects and others» (Ahmed 2004/2014: 208).

Por último, al igual que la traducción ha permanecido relegada al ámbito de la lingüística a lo largo del tiempo, las emociones se han mantenido confinadas en el marco de la psicología y la neurociencia. No obstante, hoy en día, ambos conceptos se han vestido con ropajes interdisciplinares y están adquiriendo cada vez más relevancia en los debates académicos en distintos campos del conocimiento. Las emociones ya no son solo objeto de estudio para los psicólogos y los neurocientíficos, de la misma forma en que la noción de traducción se va incorporando a los discursos producidos por investigadores de diversas ramas del saber.

En este sentido, el giro emocional —también conocido como giro afectivo— ha desempeñado un papel crucial en la promoción del concepto de emoción en una serie de disciplinas, de manera similar al giro traductológico y al *outward turn* en lo que atañe a la traducción. Gestada en los años 90, en el seno de la teoría feminista y *queer*, esta corriente teórica se configura en torno a la investigación social sobre cuerpos, sensaciones y emociones con el objetivo de establecer un enfoque transdisciplinar. En el transcurso de la siguiente década, este nuevo paradigma en boga ha creado un caldo de cultivo idóneo para que sus ideas y sus perspectivas repercutan en múltiples ramas de las ciencias sociales y las humanidades.

A pesar de que algunos investigadores vinculan el surgimiento del giro emocional con una respuesta crítica al giro lingüístico (véase Haber 2020: 14-15; Koskinen 2020: 24-25) —en pos de desplazar el énfasis en el lenguaje, promovido por el posestructuralismo, hacia el interés por lo afectivo—, es innegable que existe una conexión intrínseca entre lo verbal y lo emocional. A saber, las emociones permean todo el sistema lingüístico, se incardinan en las narrativas: ya Benjamin (1923/1996: 343) destacaba el peso emocional de las palabras. En su influyente estudio, *The Cultural Politics of Emotions*, Ahmed (2004/2014: 216) defiende la relevancia de recurrir al lenguaje para aproximarse tanto a los cuerpos como a las emociones y explorar «how emotions can work in practice by circulating through words and figures and by sticking to bodies».

Según Petrilli (2022: 21), el lenguaje debe concebirse como una dimensión constitucional de las emociones: «[a] concept gives unity and meaning to multiple sensations and given that it is fixed in a word, the emotion is what one says it is». Las palabras dan forma y moldean las emociones: las intensifican, debilitan o distorsionan. Nuestra conciencia de las emociones se lleva a cabo a través de medios verbales, lo que subraya la presencia constante del componente comunicativo en el plano afectivo.

A la vista de lo argumentado, queda patente que el giro emocional no puede considerarse contrapuesto al giro lingüístico, dado que ambos se complementan. Por un lado, en concordancia con las aportaciones posestructuralistas, reconocemos que resulta imposible expresar una frase de manera neutra: los enunciados se cimientan en emociones y, a la vez, las despiertan en el receptor del discurso. Y, por otro lado, para acreditar su existencia, las emociones deben manifestarse lingüísticamente, ya sea de forma verbal o no verbal. Aunque el concepto de emociones abarca percepciones sensoriales y sensaciones provenientes del contacto con personas y objetos, el lenguaje sigue siendo fundamental para transmitirlas e interpretarlas. Al fin y al cabo, nos apoyamos en el lenguaje verbal para describir y traducir lo afectivo, tanto para nosotros mismos como para los demás (véase Petrilli y Ponzio 2023: 25).

Gracias a la dimensión lingüística, el papel de la traducción adquiere aún más importancia al reflexionar sobre las emociones. Así, una de las visiones de Ahmed (2004/2014: 175) sobre la ira estriba en el concepto de traducción: «So while anger is determined, it is not fully determined. It translates pain, but also needs to be translated». La dialéctica existente entre el acto traslativo y el fenómeno afectivo se expone por Petrilli (2023: 4) de esta manera:

> [W]e distinguish between anxiety and fear because language provides the relative words. We interpret, thus translate already through the direct experience of a private emotion given that it involves an initial translation at the level of feeling, sensing, and perceiving. Translation consists in saying the emotion, declaring it to myself, distinguishing it from other emotions — is it love, sympathy, physical attraction?

En cuanto a la práctica traductora, Hubscher-Davidson (2018: 2) resume que «there are three distinctive areas where emotions influence translators: emotional material contained in source texts, their own emotions, and the emotions of source and target readers». Si bien el interés hacia las emociones en la traductología se despierta a partir del giro sociológico (Wolf 2007) —y la cada vez mayor visibilidad de la figura del traductor—, entre las primeras contribuciones académicas que se preocupan por desvelar su presencia en el ejercicio de traslación, huelga nombrar *The Translator's Turn*, de Douglas Robinson (1991). En este trabajo, Robinson denuncia la falta de atención hacia el componente emocional de la labor traductora y apunta que «[t]ranslators' personal experiences —emotions, motivations, attitudes, associations— are not only allowable in the formation of a working [target language] text, they are indispensable» (*ibid*.: 260).

A raíz de la creciente popularidad del giro afectivo en varios campos epistemológicos, también ha aumentado de forma exponencial el número de estudios interdisciplinares que aborda el componente afectivo en el quehacer traductor. A saber, muchas de estas investigaciones examinan el papel de las emociones en la actividad de traducción desde una perspectiva cognitiva (Hokkanen y Koskinen 2016; Robinson 2023; Rojo López

2022) y buscan medirlas para analizar respuestas conductuales, oculares, hormonales o cerebrales del agente traductor. Mientras tanto, otras se ocupan de las dificultades lingüísticas, culturales y éticas que atraviesa el traductor interlingüístico a la hora de afrontar expresiones con elevada carga emocional (Tabakowska 2016).

En los últimos años, vio la luz *Translation and Affect: Essays on Sticky Affects and Translational Affective*, de Kaisa Koskinen (2020). Este libro se aproxima a la intersección entre la traducción y las emociones desde enfoques culturales y sociológicos. Asimismo, destaca el monográfico colectivo *The Routledge Handbook of Translation and Cognition* (Alves y Jakobsen 2021), donde el concepto de emoción emerge en múltiples ocasiones. Finalmente, cabe hacer referencia al reciente *call for papers* —lanzado desde el Centro de los Estudios de Traducción, de la Universidad de Lovaina—, para un volumen titulado *Affect in Translation*[15], cuya publicación se prevé para el año 2025. Sus editoras, Lucie Spezzatti, Sofía Monzón y Elisabeth Goemans, animan a desgranar la función que las emociones cumplen en el proceso traductor desde el uso de las herramientas tecnológicas hasta los factores económicos y socioculturales.

Ahora bien, a pesar de operar en los márgenes interdisciplinares, la mayoría de las publicaciones mencionadas anteriormente entronca en su índole la concepción interlingüística de la actividad traslativa. Sin embargo, en consonancia con las nuevas tendencias aperturistas que presenciamos en la traductología, también se han llevado a cabo investigaciones académicas que —retomando la noción del proceso traductor ubicuo— profundizan en la relación entre la traducción y las emociones. Entre dichas aportaciones, es preciso destacar *Exploring the Translatability of Emotions: Cross-Cultural and Transdisciplinary Encounters* (Petrilli y Ji 2022) e *Intersemiotic Perspectives on Emotions: Translating across Signs, Bodies and Values* (Petrilli y Ji 2023). En la línea del *outward turn* y la traducción experiencial, sus editoras argumentan que nos encontramos inmersos en una operación continua de interpretación —o, dicho en otras palabras, traducción— de las emociones tanto para nosotros mismos como para los demás, al tiempo que traducimos todo lo que otros sujetos nos comunican acerca de su estado emocional.

Como observa Petrilli (2023: 3), «[c]onsidering that no sign subsists without interpretation, without meaning, emotional-volitional signs also call for interpretation, thus translation – like all signs emotions are in translation». Al hablar sobre nuestras emociones, las estamos traduciendo; las emociones se generan y se hallan en un proceso, un constante movimiento, de traducción. Además, expresar una emoción implica traducir el ritmo corporal al plano comunicativo. Con todo, la traducción es la principal condición de percepción, interpretación y socialización de la emoción (Petrilli 2022: 20).

Pese a la gran importancia del componente verbal, la traducción de la emoción constituye un ejercicio intersemiótico, en el sentido de que todos los signos mentales pueden comunicarse tanto de forma verbal como no verbal. Sea cual fuere el modo en

[15] Véase https://cetra.blog/2023/09/05/call-for-papers-affect-in-translation-edited-volume/.

que se manifieste la emoción, «it goes through a phase of "translation" between two different semiotic operations: on the one hand, that of the affect itself [...]; on the other hand, that of the corporal imprints of emotion» (Fontanille 2022: 137). Sin someterse al proceso de traducción, las emociones simplemente no existen, dado que

> [w]hile existing in themselves, feelings are signs and insofar as they are such to me, in my perception, immediate awareness, if not cognitive understanding thereof, they are interpreted by me to me, thus translated. Moreover, cognitive processes presuppose interpretation and interpretation is translation. (Petrilli 2022: 15).

Mediante las emociones, traducimos no solo nuestro propio ser y el de los demás, sino también el mundo que nos rodea. En este contexto, cabe recordar el pionero artículo de Pernau y Rajamani (2016), en el que introducen el concepto de *emotional translation* para estudiar cómo la traducción entre la realidad material y su interpretación está mediada por el cuerpo y los sentidos. Para estas investigadoras, el cuerpo, junto con las emociones, se revela como un agente activo del proceso traductor, de ahí que señalen tres dimensiones de la traducción emocional:

> First, material reality can be linked to interpretation only through the intermediary of the body and the senses. Second, the interpretation does not proceed only through language-based concepts, but also through visual, auditory, tactile, and olfactory signs, which together form a multimedial semantic net. Third, for interpretation to shape material reality through practices, the body has to be brought in again. (*ibid.*: 48).

Con respecto a la materialidad, además de estar virando en un incesante movimiento de traducción, los objetos en circulación acumulan valores afectivos (Ahmed 2004/2014: 216). Moldean las emociones, a la vez que se moldean por estas: ambos procesos son de carácter traslativo. Siendo el epicentro de la experiencia emocional, los objetos funcionan como mediadores de lo afectivo entre distintos sujetos, operan como expresiones y generadores de emoción en las personas (Goldfajn 2023b: 53). Ahmed (2004/2014: 5) refleja la visión cartesiana al añadir que no desarrollamos sentimientos por los objetos debido a su naturaleza, sino que los sentimientos se producen en nuestro contacto con ellos, es decir, al traducirlos, ya que como postula Blumczynski (2023a), la traducción escenifica una experiencia de contacto.

Asimismo, los objetos representan una de las fuentes principales de la historia emocional y de la memoria. No necesariamente nos referimos a objetos con existencia material, ya que también implica los imaginarios. Así, a hora de aludir a los recuerdos, Ahmed (2004/2014: 7) ofrece la siguiente observación que conecta la memoria, las emociones y los objetos:

> I can have a memory of something, and that memory might trigger a feeling (Pugmire 1998: 7). The memory can be the object of my feeling in both senses: the feeling is shaped by contact with the memory, and also involves an orientation towards what is remembered. So I might feel pain when I remember this or that, and in remembering this or that, I might attribute what is remembered as being painful.

A este tenor, conviene señalar que el giro afectivo ha tenido un impacto significativo en el ámbito de la memoria y el pasado reciente. Haber (2020: 15) explica este fenómeno al sugerir que la memoria plantea cuestiones que solo se pueden abordar desde la intersección entre lo individual y lo psíquico colectivo. Retomando de nuevo las ideas de Ahmed (2004/2014: 202), cabe resaltar que las emociones nos hablan del tiempo y nos relatan historias: «[t]hrough emotions, the past persists on the surface of bodies; [e] motions show us how histories stay alive» (*ibid*.). Y en esta preservación de la(s) historia(s), la traducción —al igual que las emociones— desempeña un papel primordial, un tema que trataremos con detalle en el siguiente capítulo, así como en nuestras posteriores reflexiones sobre la traducción emocional en los escritos históricos de Alexiévich.

Capítulo 3
En los surcos de la historia y la memoria: la traducción como una cartografía del pasado

To save the past —as biographer, autobiographer, memoirist, or historian— we translate the remaining traces of it into language and forms of writing which necessarily alter and fragment things, highlight some moments and erase others.

Robert A. Rosenstone (2005: x)

La construcción histórica está consagrada a la memoria de los sin nombre.

Walter Benjamin (1942/2008: 92)

En *Guerra y Paz*, León Tolstói ofrece una serie de reflexiones historiológicas a fin de diseccionar las fuerzas que impulsan el devenir de los acontecimientos pasados. En este sentido, una de las imágenes que mejor resume su visión de la historia se plasma en el sueño de Pierre Bezújov, uno de los personajes centrales de la obra:

> Y de pronto acudió a su memoria con toda lucidez un afable maestro olvidado hacía mucho tiempo, que había sido su profesor de geografía en Suiza. «Espera», dijo el anciano, mostrándole el globo terrestre. Era una esfera oscilante dotada de movimiento y sin dimensiones. Toda su superficie estaba formada por gotas unidas estrechamente unas a otras; esas gotas se movían de un sitio a otro, se desplazaban; algunas se fundían en una sola, bien una se dividía en muchas. Cada gota intentaba ampliarse, ocupar mayor espacio, pero las demás, que llevaban el mismo intento, la comprimían, a veces la destruían y a veces se fundían con ella. (Tolstói 1865-1869/2003: 1537).

Las interminables gotas en movimiento que emergen ante Bezújov —una suerte de historias personales conectadas, fluidas y cambiantes— se ensamblan juntas para generar una cartografía múltiple de antaño. Estas historias plurales nos abren numerosas puertas al pasado, nos permiten descubrirlo más allá de su versión oficial, la Historia con mayúscula, tan a menudo impuesta en manuales escolares y en los medios de comunicación.

Ahora bien, cabe preguntarnos cómo accedemos a todas estas narrativas, qué relatos sobre lo ocurrido están a nuestro alcance, quién determina esta accesibilidad y en función de qué. A su vez, surgen muchos interrogantes en torno a la figura del historiador y su presunto conocimiento privilegiado del «verdadero» pasado: cómo selecciona el material, lo manipula según sus criterios, lo analiza y lo presenta en discurso. Cada época brinda sus lecturas de los tiempos anteriores; por ende, según la irónica observación de Oscar Wilde (1888/1997: 50), «[t]he one duty we owe to history is to rewrite it». En este contexto, algunos estudiosos, como Vidal Claramonte (2018), proponen abordar la (re)escritura de la historia en términos de traducción y concebirla como una traducción del pasado o, mejor dicho, traducciones del pasado, dado que su valor radica precisamente en la pluralidad y la diversidad.

Asimismo, como bien nos recuerda Salman Rushdie (1981/1991: 12) «the past is a country from which we have all migrated», por lo que no resulta apropiado atribuirles a los historiadores el monopolio sobre él: todos hemos venido de allí, rodeados, además, de personas capaces de testificar sobre sus experiencias. Así pues, hay quienes creerán de forma ingenua que, al esquivar las narraciones elaboradas por los profesionales y al dirigirse directamente a los testigos de ciertos eventos, obtendrán una imagen de los hechos históricos tal como sucedieron en la realidad. En este punto, conviene reflexionar sobre cómo funciona nuestra memoria, qué recuerdos conserva, qué traumas oculta y qué es lo que el ser humano testimonia —o traduce— de lo vivido.

En el transcurso de este capítulo, ahondaremos en cuestiones relativas a la historia y la memoria para ofrecer una (re)interpretación de ambos fenómenos desde la perspectiva de los estudios de traducción. Es necesario señalar que, debido a la abundancia de materiales disponibles sobre este tema, solo podremos abordar la punta del iceberg. No obstante, sin ánimo reduccionista, buscamos presentar un recorrido epistemológico interdisciplinar a fin de mostrar que la traducción deviene una poderosa herramienta a la hora de reconstruir y analizar el pasado. Y, como veremos más adelante, esta herramienta será de gran utilidad para acercarnos a la obra de Svetlana Alexiévich.

3.1. La historia y la memoria: una mirada panorámica

3.1.1. Repensar la historia ante el desafío posestructuralista

A pesar de que, desde la Antigüedad, la historia se ha considerado una rama de la literatura, a lo largo del siglo XIX, la historiografía comienza a consolidarse como una disciplina independiente. Se desarrolla bajo el signo del historicismo, corriente de pensamiento que considera al ser humano como un ente histórico, habitante de un mundo repleto de significados unívocos que pueden aprehenderse a través de la historia. Según el mayor representante de esta tendencia intelectual decimonónica, Leopold von Ranke, los hechos deben hablar por sí mismos mediante los documentos y el historiador no puede imponer sus visiones subjetivas en pos de presentar los acontecimientos tal y como sucedieron. Desde el enfoque rankeano, las fuentes se consideran reflejos fieles del contexto en el que se producen y la historia se convierte en sinónimo de la reconstrucción objetiva del pasado, se le otorga el criterio de la objetividad que la dota de un estatus científico a ojos del público.

El nuevo paradigma promovido por el positivismo perdura en círculos académicos tras el cambio de la centuria. Las redacciones de carácter histórico continúan planteándose como narrativas neutras y científicas, configuradas a partir de fuentes oficiales y documentos archivísticos. Pese a que, en los albores del siglo xx, la escritura historiográfica experimenta ciertas mutaciones tanto epistemológicas como metodológicas —como la apertura disciplinaria y el creciente interés en la figura del historiador—, sigue guiándose primordialmente por las ilusiones historicistas.

A este tenor, una de las primeras críticas a estos enfoques la plantea Walter Benjamin (1942/2008) en su ensayo «Sobre el concepto de historia». En este breve artículo, Benjamin desafía el principal ideal positivista rankeano: «Articular históricamente el pasado no significa conocerlo "tal como verdaderamente fue". Significa apoderarse de un recuerdo tal como este relumbra en un instante de peligro» (*ibid.*: 40). Asimismo, se descarta la noción de una experiencia única del pasado, que se manifiesta como plural. Según la narración benjaminiana, al contrario del historicismo —aglutinador de las visiones de clases dominantes que condicionan al historiador— los relatos del pasado han de contarse desde la posición de los vencidos, en aras de los oprimidos, y, para conseguirlo, el historiador debe pasarle a la historia el cepillo a contrapelo.

A finales de los años sesenta, el modelo científico de la historiografía comienza a cuestionarse a gran escala. Tras la irrupción del giro lingüístico y el movimiento posestructuralista, los obsoletos paradigmas historiográficos se han visto desacreditados y la Historia ha entrado en la lista de las metanarrativas desmanteladas a manos de Lyotard (1979/1991). La eclosión del giro ha marcado un punto de inflexión que ha provocado un profundo impacto en la manera en que concebimos y escribimos la historia en la actualidad. Entre sus principales referentes intelectuales cuyas contribuciones han sido fundamentales para la comprensión histórica, se encuentran filósofos como Michel Foucault, Jacques Derrida, Roland Barthes, Paul Ricoeur o Michel de Certeau. A su vez, en el seno de la propia disciplina, surge una corriente crítica con aires posestructuralistas representada por Hayden White, Dominick LaCapra, Alun Munslow y Paul Veyne, entre muchos otros.

Dada la naturaleza lingüística de los relatos sobre el pasado, los adscritos a las tendencias posestructuralistas socavan el vehemente deseo rankeano de representarlo de manera única y fiel. Los eventos históricos carecen de existencia hasta que se verbalizan, y esta verbalización se lleva a cabo por los historiadores, quienes se apoyan en categorías descriptivas para plasmar sus visiones de tiempos lejanos y atribuirles significados. En suma, ya no se trata simplemente de la Historia, sino de toda una serie interminable de historias, las historias en plural, las traducciones del pasado, como lo mostraremos en la segunda sección de este capítulo.

Bajo el prisma posestructuralista, el lenguaje opera como mediador entre el contexto del pasado y el del presente. Ahora bien, cabe indagar a qué nos referimos al hablar del pasado. De acuerdo con el planteamiento foucaultiano (Foucault 1971/1979: 21), «el verdadero sentido histórico reconoce que vivimos sin referencias ni coordenadas originarias, en miríadas de sucesos perdidos». Difuso, plural y desestructurado, el antaño emerge ante el historiador, quien debe ordenar esta experiencia fragmentada en un conocimiento con su propia lógica, redactarlo.

A fin de cuentas, por decirlo con Munslow (2017: 485), «[t]he past is the time before now and a history is our narrative about it». Desde esta perspectiva, la historia se reinterpreta como un discurso, un constructo humano. Inmersa en los juegos del lenguaje, no es sinónimo del pasado, sino una narrativa que ofrece una de las visiones de tiempos lejanos desde el presente, visiones que inevitablemente dejan algo fuera.

Como ha quedado patente tras la aparición del pensamiento posestructuralista, los relatos creados por el historiador no son neutros, al igual que cualquier otro texto, incluidas las fuentes documentales en las que estriba (LaCapra 1985: 35). Lejos de ser inocentes, no son objetos aislados atemporales, sino construcciones interesadas del historiador, cuya herramienta clave es el lenguaje, instrumento que se presta al ejercicio del poder en el sentido foucaultiano.

La ideología se manifiesta en los escritos históricos de manera constante, de ahí que, tal y como sostiene White (1978: 69), toda representación del pasado tenga implicaciones ideológicas. Asimismo, al concebirse como heterología —concepto acuñado por De Certeau (1975/2006; 1986) para definir la historia como representación del Otro—, la labor historiográfica vislumbra las asimetrías del poder y legitima la autoridad dominante. La interpretación de los eventos ocurridos se ve continuamente alterada en pos de satisfacer nuestras necesidades actuales.

En definitiva, la época de turbulencias posestructuralistas se caracteriza por un profundo desencanto con la historia. Sus teóricos alientan a abandonar de forma definitiva la idea del progreso histórico y la del desarrollo lineal de los acontecimientos. Con todo, animan a superar las oposiciones binarias y alejarnos de los esencialismos como la objetividad, la neutralidad, la impersonalidad, el realismo y la autenticidad del texto histórico. En cambio, según argumenta Foucault (1969/2002), se debe apostar por la «arqueología del saber», es decir, analizar la construcción de discursividades y prácticas sociales en cada periodo particular. La historia foucaultiana no tiene protagonistas; se sitúa en los márgenes y se plasma como contramemoria (Foucault 1971/1979: 25).

Las huellas —en el sentido derridiano— y la repetición se ubican en el seno de la historia (Derrida 1972/1982: 57). En vez de entenderse como un fenómeno estático e inmutable, se halla en un constante movimiento, en un perpetuo tránsito (LaCapra 2004). A lo largo de su monográfico titulado *La escritura de la historia*, De Certeau (1975/2006) alude reiteradamente al ejercicio histórico como una operación de desplazamiento.

Asimismo, como defiende Vidal Claramonte (2018: 70-71), «[l]a historia estará tanto más completa cuantas más voces se hayan incorporado a su construcción». La nueva perspectiva sobre la historia nos insta a examinarla desde un enfoque poliédrico e interdisciplinar, disfrutar de *otras* historias, *otras* traducciones del pasado. Así pues, esta teórica nos invita a estar alerta ante el peligro de una sola historia (Adichie 2009) para protegernos de su única versión hegemónica, la de los vencedores, la oficial, la que impone las verdades absolutas. Los historiadores críticos buscan contar lo diferente, lo silenciado, lo oculto, apreciar la pluralidad y lo divergente, y superar visiones universalistas y eurocentristas. Habituados a una «historia de las cumbres», cada vez optan más por «remover un material "no noble"» (Foucault 1975/1979: 87).

Por último, cabe recordar que toda versión de la historia tiene a su autor: «"the story" in history is provided by the historian» (Munslow 2012: 6). El historiador prefigura el campo histórico y escoge la información para proyectar su constructo de la realidad al pasado. Su mirada es decisiva a la hora de redactar la historia, que, al fin y al cabo, representa sus interpretaciones y sus conocimientos, sus apreciaciones estéticas y morales, así como su código ético. A raíz de ello, surgen las preguntas retóricas sobre quién, cuándo, cómo y por qué (re)escribe la historia. Controlar su escritura es controlar la Historia y, con ello, el mundo, de ahí que urja reflexionar sobre quién silencia las historias y selecciona los datos, qué relato sobrevive en el mar de tantas narrativas distintas.

Como ya hemos mostrado, existe una relación intrínseca entre el lenguaje, instrumento del historiador, y los sucesos históricos que el historiador rescata, ordena y analiza según sus criterios para terminar dándoles una forma verbal. Ahora bien, siguiendo la estela de Barthes (1984/1994: 163-164), conviene plantear el siguiente interrogante: «[L]a narración de acontecimientos pasados [...] ¿difiere realmente, por algún rasgo específico, por alguna indudable pertinencia, de la narración imaginaria, tal como la podemos encontrar en la epopeya, la novela, el drama?».

A saber, desde la óptica barthesiana, el discurso histórico se revela como imaginario (*ibid.*: 174). Mientras tanto, para Hutcheon (1988: 89, 100), la historia y la ficción son actividades complementarias que (re)modelan nuestra experiencia del tiempo a través de configuraciones argumentales y constituyen sistemas de significación mediante los cuales damos sentido al pasado. Por otro lado, en las páginas de *Tiempo y narración*, Ricoeur (1984/2008; 1984/2004; 1985/2009) también aspira a desentrañar la correspondencia entre ambos fenómenos. Este filósofo hermeneuta descolla el acercamiento entre el relato histórico y el ficticio debido a su recurso a la narrativa, su complementariedad y la necesidad de la imaginación.

El entrecruzamiento epistemológico entre la historia y la ficción se lleva al extremo por Hayden White (1978: 82) al considerar las narrativas históricas como un artefacto literario, alegórico, «verbal fictions, the contents of which are as much invented as found». Tanto el historiador como el novelista recurren a metáforas y tramas que representan sus visiones del mundo, al igual que el componente documental forma parte de la actividad de ambos. Según su concepción de la historia, expresada en el paradigmático libro *The Content of the Form* (White 1987/1990), la narración histórica es una de las manifestaciones de su contenido. Con ello, la narración se prioriza frente a los datos y la forma se antepone al contenido.

Sus revolucionarios postulados han provocado una auténtica disrupción en la historiografía. Algunos historiadores han elogiado sus atrevidas declaraciones, que suturaban las distancias entre la ficción y la historia y, de esta manera, impugnaban la pertinencia de estudiar los relatos sobre el pasado en ámbitos académicos. Así, en consonancia con las formulaciones de White, Veyne (1971/1984: 10) describe la historia como «a true novel» y Jablonka (2014/2016) aboga a favor de una historia creativa como una forma de literatura contemporánea. A su vez, otros, como Ricoeur (2000/2004), aprecian la innovación del pensamiento de White, al tiempo que critican su incapacidad para trazar una línea clara entre la ficción y la historia (*ibid.*: 332). Por último, hay quienes encuentran peligrosas sus teorías y reaccionan ante estas con publicaciones en defensa de la historia, como el volumen homónimo, *In Defense of History*, editado por Evans (1997/1999).

Si bien los enfoques del giro lingüístico han provocado una verdadera crisis en la disciplina histórica al despojarla de su carácter científico, cabe precisar que en ningún momento las observaciones posestructuralistas han pretendido negar el pasado, sino enriquecer nuestra comprensión de él. Siendo un sistema de significación, la historia se plasma como una lectura —una traducción— individual del pasado, un intento de atribuirle sentido a lo real, que debe abordarse siempre en su pluralidad, más allá de la corriente oficial.

Así, a partir de la década de los ochenta, la disciplina desvía de su trayectoria cientificista para desplegar nuevas narrativas. Frente al discurso oficial y autorizado de la historia, surgen numerosos textos sobre el pasado que presentan perspectivas heterodoxas y derrocan el gobierno del relato único. Ya no se concibe como la Historia con mayúscula, sino en plural; se fragmenta en historias, entendidas como interpretaciones (White 1986: 487), propuestas provisionales para ver el pasado. La producción histórica se orienta hacia los márgenes y apuesta por ampliar su base documental para incluir fotografías o testimonios orales, fuentes que hasta entonces se consideraban residuales. Gracias a ello, nacen versiones frescas, alternativas de las historias: la llamada «historia desde abajo» —que alberga la historia de género, la microhistoria, los estudios poscoloniales, entre muchas otras ramificaciones—, la historia oral, la de las emociones, por nombrar solo algunas. A tal respecto, los escritos de Alexiévich, basados en la memoria de los ciudadanos soviéticos, son un ejemplo de la «historia desde abajo», una revisión de la historia oficial de la URSS.

3.1.2. La era de la memoria: nuevas vías para (re)escribir el pasado

Si bien el interés de los historiadores por la memoria se ha despertado en el seno de la historia oral, es relevante precisar que las narrativas memorísticas no se limitan a relatos orales, sino que también incluyen textos escritos, audiovisuales, gráficos, etc. Según Aleida Assmann (2006: 261), uno de los principales estímulos que ha llevado a los especialistas a explorar las lecturas del pasado a través de la memoria se debe a la Segunda Guerra Mundial y, en particular, al Holocausto, que a lo largo de las últimas décadas se ha convertido en un verdadero referente en el discurso sobre la memoria colectiva. Fruto del afán por tender puentes entre la academia y las experiencias individuales del pasado, nacen los llamados *memory studies*, un campo de investigación interdisciplinar centrado en la memoria.

Ahora bien, antes de avanzar con nuestras reflexiones sobre la memoria, así como su relación con la traducción, cabe indagar en qué suele entenderse por este término. Conforme a la RAE[16], se trata de la «facultad psíquica por medio de la cual se retiene y recuerda el pasado» o el propio «recuerdo que se hace o aviso que se da de algo pasado», entre muchas otras definiciones. Sin embargo, en lugar de aludir a la supuesta retención del pasado, nos parece más apropiado concebir el proceso mnemónico como una reconstrucción del pasado, su representación —incluso, su traducción, como lo veremos más adelante—, que se presta a diversos usos en el presente.

Maurice Halbwachs (1925/2004), uno de los pioneros en la investigación de la remembranza, diferencia entre la memoria individual, ligada a las experiencias personales, y la colectiva[17] —familiar, política, nacional, etc.—, formada a partir de los recuerdos compartidos por los miembros de un grupo que han presenciado los mismos acontecimientos. En palabras de este sociólogo francés, ambas están intrínsecamente entrelazadas: lo social se encuentra presente en la memoria individual, al tiempo que la memoria colectiva se edifica en función de los recuerdos personales. En suma, la memoria individual siempre es colectiva (Antze y Lambek 1996: xx; Hodgkin y Radstone 2003a: 16), puesto que nuestras acciones no ocurren en el vacío, sino en el contexto familiar y social.

A este conjunto de formulaciones, huelga añadir que la memoria no solo se identifica con el recuerdo, sino también con el olvido, la otra cara del recuerdo. El olvido emerge para resguardar el presente, protegerlo de recuerdos nocivos (Merridale 2010: 379) o insignificantes, y, en ciertos casos, para alinear las remembranzas personales con lo dictado por la memoria colectiva. Al adentrarse en la naturaleza del olvido, Ricoeur (2000/2004: 563) señala dos dimensiones de este fenómeno: el del enemigo de la historia —que borra las huellas de forma definitiva— y el «de reserva o de recurso […] [que] designa el carácter desapercibido de la perseverancia del recuerdo» y es recuperable.

Llegados a este punto, es importante trazar diferencias y similitudes entre la historia y la memoria. Si bien ambas beben del pasado, el objetivo de la primera, según la historiografía tradicional, es analizarlo intentando desvincularse del presente, mientras que la segunda, en cambio, insiste en conectar el presente con el pasado a fin de denunciar lo sucedido, compartirlo o sacralizarlo: la experiencia actual se fusiona con imágenes asociadas a experiencias previas (Radstone 2005: 135). Por otro lado, al igual que la historia, la memoria se revela como un constructo lingüístico, dado que los recuerdos son objetos que existen en el lenguaje (Connerton 1989: 72).

«Experiential memories are embodied», resalta Aleida Assmann (2008b: 50), de ahí que únicamente puedan compartirse mediante una representación externa, ya sea verbal o visual. En este proceso, los recuerdos se integran en un sistema

---

[16]   Véase https://dle.rae.es/memoria.

[17]   En determinadas ocasiones, los investigadores prefieren hablar de la memoria cultural en vez de la colectiva.

simbólico: al codificarlos a través de la narrativa, «they can be exchanged, shared, corroborated, confirmed, corrected, disputed, and even appropriated» (*ibid.*). Por ende, algunas personas en ocasiones encuentran difícil discernir entre sus experiencias personales y lo que se ha conocido a través de relatos de otros. A su vez, Jan Assmann (1992/2011: 6) destaca que, dado su carácter lingüístico, la memoria vive y sobrevive en la comunicación.

Más allá de su naturaleza comunicativa, la memoria se presenta como una narrativa que requiere contar con un soporte argumental (Freeman 2010: 274), conferir sentido a lo relatado, integrar, secuenciar y organizar los hechos dentro de un conjunto explicativo. Lo mnemónico opera a través del proceso de reconstrucción y reorganización. En determinados casos, lo recordado se estructura mediante códigos y convenciones, como los presentes en los cuentos populares y los mitos, narrativas socialmente conocidas. De este modo, a la hora de narrar nuestras experiencias, nos apoyamos en las historias que nos resultan familiares y nos rodean (Antze y Lambek 1996: xvii).

Otro fenómeno vinculado a la dimensión lingüística de la memoria es el silencio. El individuo puede recurrir al silencio tanto para ocultar información por miedo a revelarla —proteger el presente, puesto que su memoria contradice la versión oficial—, como para expresar lo indecible y mostrar su incapacidad de comunicar. A saber, en los testimonios marcados por la presencia del trauma, a veces el silencio explica más que el propio relato verbal (Hirsch y Spitzer 2010).

Como ya se hace posible deducir de las páginas anteriores, la memoria no es un ente estático, intacto o lineal (Radstone 2005: 139). Es fragmentada y propensa a errores, ya que no se trata de una grabación exacta de un evento, una simple cinta de vídeo que reproduce el pasado. Lo mnemónico se halla sujeto a transformaciones, se encuentra en un constante movimiento, en un proceso continuo de cambios y (re) construcciones. Nuestra mente registra la conjunción de ciertos acontecimientos, a partir de los cuales se reconstruye el recuerdo, que conforma una mera aproximación a lo sucedido.

Con todo, la memoria es selectiva, difusa, cambiante, frágil, desdibujada y manipulada. Ni de cerca fidedignos de lo ocurrido, los recuerdos aglutinan una mera representación de la experiencia vivida o mitificada. Entre los principales impulsos para la mutación y la deformación de lo recordado, cabe nombrar la distancia temporal, así como el *habitus* y la percepción de la realidad del individuo concreto. Lo mnemónico se actualiza de manera continua a través de diversas fuentes: los medios de comunicación, las conversaciones familiares, las propias fantasías, entre muchas otras.

Los recuerdos de los episodios vividos nos generan emociones. A tal respecto, algunos psicoanalistas, como Hedges (2005: 456), indican que no existe memoria que no sea emocional. Como expresa Damasio (2010: 131),

> [i]t generally helps [...] that the event to be remembered is emotionally salient, that it jitters the value scales. Provided that a scene has some value, provided that enough emotion was present at the time, the brain will learn multimedia sights, sounds, touches, feels, smells, and the like and will bring them back on cue.

En esta cita, el neurocientífico portugués especifica que, al experimentar emociones, el cerebro humano retiene los olores, las imágenes y las sensaciones. En definitiva, la memoria afectiva presenta una dimensión corporal, y las percepciones sensoriales que se han formado —o que creemos haber notado— nos ayudan a recordar el acontecimiento de manera más efectiva. En el siguiente capítulo, veremos cómo esto se plasma en los testimonios de los testigos de Alexiévich.

El cuerpo se erige como un medio mnemotécnico por excelencia, dado que los procesos de recordar no solo son neurológicos, sino también somáticos: el cuerpo refuerza los recuerdos a través del afecto (Assmann 1999/2011: 12). En este sentido, algunos teóricos incluso optan por referirse a las experiencias somáticas o afectivas —en lugar de hablar de representaciones de recuerdos (Bennett 2003: 27)— o contraponen la memoria *acting-out*, que se centra en la reexperimentación de las sensaciones vividas, a la de *working-through*, más analítica (LaCapra 1998). No obstante, Damasio (1994) nos enseña que las representaciones se encuentran inseparables de las experiencias afectivas, puesto que, al fin y al cabo, todo pensamiento reside en el cuerpo y todo recuerdo lleva una dimensión emocional.

Ahora bien, cabe reflexionar sobre los medios a través de los que se manifiesta lo mnemónico. Según Aleida Assmann (2008b: 55) y Pierre Nora (1978/1996: 1), puede transferirse mediante testimonios, instituciones, monumentos, actos de conmemoración, personajes históricos, museos, objetos, símbolos, etc. En este contexto, los espacios que facilitan la participación de personas en actividades públicas y la expresión de un conocimiento colectivo del pasado —la memoria colectiva— han recibido el nombre de *lieux de mémoire*, los «lugares de memoria», de la mano de Nora (1978/1996). Se trata de encarnaciones simbólicas de lo mnemónico, impregnadas con tintes sentimentales, que abarcan tanto objetos físicos como elementos inmateriales.

En lo que concierne a las memorias a menor escala, personales o familiares, sus fuentes principales son los objetos y los testimonios. En cuanto a los primeros, nuestra memoria interactúa de manera constante con los objetos. Como defiende Jan Assmann (2008: 111), la memoria es

> a metonym based on material contact between a remembering mind and a reminding object. Things do not "have" a memory of their own, but they may remind us, may trigger our memory, because they carry memories which we have invested into them, things such as dishes, feasts, rites, images, stories and other texts, landscapes, and other "lieux de mémoire".

Los objetos, como las fotografías, constituyen un conducto para la memoria afectiva (Vidal Claramonte 2024). El poder que poseen algunos objetos —y las sensaciones que nos transmiten— se resume con destreza en la siguiente reflexión de Sherry Simon (en Simon y Polezzi 2022: 154):

> A number of years ago, at a meeting of board members of the Holocaust museum in Montreal, one of the organizers had the idea of passing around an item in the museum's collection – a leather pouch that had been made secretly in one of the camps and given to an inmate as a birthday present. I remember vividly how I felt as I touched this object […].

[I]t was an object with an aura, connecting me in a vital and direct way with past trauma. [...] Such objects, handed down across generations, by the very fact of their survival, carry a spirit: they are vectors and bearers of memory. Their meaning is created at the juncture of the immediacy of physical contact (touch, smell, closeness to the eyes) and the distance of their origins, across vast disparities of experience.

Posiblemente, una de las ilustraciones más enigmáticas y conocidas de la conexión entre los objetos y la memoria mediante percepciones sensoriales surge en el primer volumen de la novela *En busca del tiempo perdido*, de Marcel Proust (1913/2009). El sabor de una *petite madeleine*, un pequeño bizcocho que el autor moja en té, desencadena en su interior racimos de recuerdos involuntarios que parecían olvidados (*ibid.*: 90).

Los objetos evocan profundas emociones que establecen un puente entre el pasado y el presente. Además, para que un objeto se convierta en un portador de memoria, es decir, tenga relevancia para lo mnemónico, las sensaciones y las emociones que suscita deben narrarse, traducirse, ya que a través de la narrativa se vuelven accesibles los recuerdos (Simon en Simon y Polezzi 2022: 164).

Otra fuente de información sobre la memoria personal son los testimonios, relatos que abordan la experiencia vivida, su reconstrucción que combina lo privado y lo público. Es importante señalar que nunca estamos ante una memoria individual; siempre es un cúmulo de memorias que representan relaciones sociales e históricas. En la base de nuestros testimonios yace una gama de emociones y sensaciones corporales: no recordamos imágenes o esquematizaciones de lo sucedido, sino más bien las percepciones que experimentamos (Damasio 1994). Al atestiguar, asumimos a la vez los papeles de lectores y autores de nuestras historias (Antze y Lambek 1996: xix), las cuales están impregnadas de las narrativas que hemos ido consumiendo a lo largo de la vida. En lo que atañe a su formato, pueden adoptar formas orales, escritas —como diarios, memorias, poesía, autobiografía—, o manifestarse a través de diversas prácticas artísticas más allá de lo verbal.

Conviene precisar que los historiadores fieles a las aproximaciones rankeanas encuentran el talón de Aquiles de lo mnemónico en el problema de cómo averiguar la veracidad del testimonio y su fidelidad a lo real. Ante todo, huelga subrayar que la fiabilidad de lo testificado reside en su propio contenido. Según Aleida Assmann (2006: 263), «[t]he survivors as witnesses do not, as a rule, add to our knowledge of factual history; their testimonies, in fact, have often proved inaccurate». De ahí que los datos fácticos cobren menor importancia y se abra espacio a una mirada personal de lo acontecido, a cómo los individuos vivieron y se sintieron en aquel instante, cómo experimentaron el pasado.

Una de las mejores representaciones de ello la proporciona Dori Laub (1992b: 59): cita el testimonio de una mujer que, al ser liberada de un campo de concentración, recuerda haber visto cuatro chimeneas ardiendo, cuando, en realidad, solo había una. Si bien para el historiador su relato no se consideraría verídico, desde la perspectiva de aquellos interesados en procesos memorísticos es completamente fiel, puesto que transmite la realidad de lo inimaginable, las sensaciones de una persona al presenciar la ruptura del sistema que la había estado torturando. Como observan Hodgkin y Radstone

(2003b: 100), «the ways in which memory distorts and misrepresents events can actually be evidence for the truth of the memory, rather than its error, if what we are dealing with is trauma». Por consiguiente, es preciso abstenerse de aplicar las nociones binarias de «verdadero» o «falso» a los testimonios.

En relación con los testimonios orales, adquiere especial relevancia la noción del llamado «segundo testigo» (Laub 1992b). Este concepto puede designar tanto a alguien quien, al presenciar ciertos acontecimientos, comparte la historia de otros que fallecieron y perdieron una oportunidad de contar su relato, como a aquel que escucha el testimonio a fin de recopilarlo, conservarlo y reproducirlo, ya que en el transcurso de este proceso se convierte en un testigo. En cuanto a la figura del entrevistador —como es el caso de Svetlana Alexiévich—, su presencia revela el carácter dialógico de los testimonios: su habilidad para manejar el lenguaje, traducir lo testificado, es clave.

3.1.3. En los extremos de la memoria: el trauma y la posmemoria

En este punto, nos preguntamos cómo los testigos relatan los acontecimientos traumáticos que han experimentado, las calamidades vividas. En primer lugar, es importante aclarar que el concepto de trauma es problemático y extremadamente difícil de definir, dada su naturaleza interdisciplinar. Gestado en el seno del psicoanálisis, hoy en día se suele entender —más allá de la diagnosis médica— como una serie de respuestas emocionales, individuales o colectivos al sufrimiento. Según Aleida Assmann (1999/2011: 12), tiene lugar cuando la violencia de una experiencia es tan abrumadora que su recuerdo se desconecta de la consciencia y se almacena de manera inaccesible dentro del cuerpo para posteriormente manifestarse a través de síntomas.

En definitiva, el trauma modifica de forma drástica la vida de un individuo. Este proceso continúa afectando tanto a él como a su percepción del pasado y el presente, que se entrelazan en un complejo ovillo, sin posibilidad de desenredarlo (Van der Kolk y Van der Hart 1995: 178). Con el trauma, se generan patrones conductuales repetitivos, el episodio catastrófico se revive una y otra vez, reaparece en pesadillas, alucinaciones y repeticiones de imágenes, y sumerge al sujeto en sensaciones de miedo y angustia. Asimismo, al alterar la capacidad de experimentar placer, autocontrolarse y tener confianza en otras personas, remodela nuestro cuerpo y nuestro cerebro, y, por ende, reconfigura la identidad de su víctima (Antze 2003: 96).

El trauma se caracteriza por su intensidad y su carga emocional intrínseca (McFarlane y Van der Kolk 1996/2007: 27), capaz de suscitar fuertes emociones en quienes leen historias sobre estas cicatrices invisibles. Este fenómeno surge a raíz de una fuerte conmoción, un evento que ha estado impregnado de emociones aterradoras. Al mismo tiempo, como dilucidan Van der Kolk y Fisler (1995: 513), las memorias traumáticas irrumpen como manifestaciones de la dimensión sensorial del suceso: como imágenes visuales, sensaciones olfativas, auditivas o físicas, u oleadas de emociones. De ahí que determinados olores, sonidos o fotografías tengan la capacidad de desencadenar recuerdos dolorosos, como lo veremos en los ejemplos de los testimonios recopilados por Alexiévich.

Al igual que la memoria, los recuerdos traumáticos son objetos de constantes manipulaciones. Dicha manipulación puede llevarse a cabo tanto por la propia víctima que intenta borrar, ocultar o sustituir estos recuerdos con otros (Assmann 2008a: 97) como por las instituciones oficiales, ya que la representación cultural de un evento traumático siempre posee una dimensión política (Tal 1996). A su vez, aunque el sufrimiento sea universal, las experiencias y las reacciones ante lo sucedido —cómo se siente y se recuerda, y si se recuerda o no— son culturalmente específicas (Bassnett 2024: 14; Merridale 2010).

En ciertos casos, la veracidad de lo relatado se cuestiona debido al llamado *traumatic paradox* (Walker 2003: 106). Se trata de la imposibilidad de recordar detalles reales del suceso, sustituidos por escenas imaginarias que representan mejor las sensaciones vividas. Es fundamental tener presente que, de manera similar a lo que ocurre con la memoria, los recuerdos traumáticos están expuestos a una serie de narrativas que pueden (re)moldearlos.

Ahora bien, con frecuencia el trauma se caracteriza como un fenómeno imposible de expresar, inefable y refractario a la representación (Caruth 1995b; Hodgkin y Radstone 2003a: 6; Radstone 2000: 6). La experiencia traumática se imbrica en la memoria corporal, se graba en el cuerpo como una sensación o un estado emocional, se refugia en el silencio y se muestra resistente a la narración, solo deja una impronta del trauma en el discurso. Esta postura encuentra respaldo en una explicación científica vinculada al funcionamiento cerebral:

> When memory traces of the original sounds, images, and sensations are reactivated, the frontal lobe shuts down, including […] the region necessary to put feelings into words, the region that creates our sense of location in time, and the thalamus, which integrates the raw data of incoming sensations. At this point the emotional brain, which is not under conscious control and cannot communicate in words, takes over. (Van der Kolk 2014: 178).

No obstante, a pesar de esta compleja naturaleza de los recuerdos traumáticos, la narración del trauma —su transformación en una narrativa, su traducción— conlleva efectos terapéuticos e incluso puede ser crucial para la supervivencia del individuo:

> This re-externalization of the event can occur and take effect only when one can articulate and transmit the story, literally transfer it to another outside oneself and then take it back again, inside. Telling thus entails a reassertion of the hegemony of reality and a re-externalization of the evil that affected and contaminated the trauma victim. (Laub 1992b: 69).

Para compartir sus recuerdos, la persona afectada por el trauma debe estar preparada y sentirse segura, sin esconderse detrás del miedo a no ser comprendida. En este sentido, la literatura, al igual que el arte, se erigen como espacios idóneos para poner en discurso lo traumático y abordarlo simbólicamente (LaCapra 2001/2014: 190). En suma, los supervivientes no solo necesitan sobrevivir para contar su historia, sino que también necesitan contarla para sobrevivir (Laub 1992a: 77).

Cabe advertir que, aun siendo terapéutico, el propio acto de hablar sobre las heridas emocionales traumatiza, ya que el precio de expresar el dolor implica revivir lo sucedido (Merridale 2010: 379), tal y como sucede con los personajes de Alexiévich. Se asemeja a una quimioterapia, que cura y a la vez destruye (Michienzi 2015: 27). Incluso tras compartir los recuerdos, los sufrimientos psíquicos de algunas personas no cesan.

Las narraciones traumáticas se construyen a partir de la «lengua del trauma», que conlleva las huellas de lo acontecido. Al intentar organizar su experiencia traumática mediante la narrativa, algunas víctimas se dividen metafóricamente en dos seres: el «yo» que sufrió el trauma y el «yo» actual, que prefiere distanciarse y olvidar el pasado para no desencadenar emociones nocivas en el presente (Hirsch y Spitzer 2010: 395). De ahí que sientan que coexisten en dos mundos paralelos: uno marcado por la violencia y el otro sin recuerdos traumáticos, que representa su vida cotidiana (Pillen 2016: 98).

Por último, cabe añadir que la toxicidad del trauma es tan elevada que a veces llega a afectar y a contagiar al segundo testigo, quien, al escuchar el relato, experimenta en parte el trauma (Laub 1992b: 57-58). A raíz de ello, surgen incertidumbres sobre el significado y la implicación de ser testigo (Felman 1992: 206), así como dudas si un individuo que jamás haya presenciado ciertos eventos traumáticos puede ser portador de sus huellas. En este contexto, nace la teoría de la posmemoria.

Teorizada por Marianne Hirsch (1997/2002) a partir del trauma del Holocausto, la posmemoria se perfila como una modalidad particular de la memoria social, los recuerdos transmitidos por un familiar. Se trata de una especie de herencia de experiencias pasadas que continúan siendo objeto de reflexión y superación por parte de los hijos y los nietos de los testigos. En definitiva, nos encontramos ante una memoria construida no por los testigos directos, sino por las generaciones posteriores —los segundos testigos—, que perciben la necesidad «not just to feel and to know, but also to re-member, to re-build, to re-incarnate, to replace, and to repair» (*ibid*.: 242-243).

3.2. LA TRADUCCIÓN EN LA ENCRUCIJADA ENTRE EL PASADO Y EL PRESENTE

3.2.1. El lugar de la historia en los estudios de traducción: lazos interdisciplinares

En los últimos decenios, se ha observado un creciente interés por los temas históricos dentro de los estudios de traducción. Estas nuevas inquietudes epistemológicas se han plasmado en una serie de publicaciones y han impulsado la creación de una red académica internacional History and Translation[18], fundada en 2021 y liderada por destacados profesionales como Christopher Rundle, Daniele Monticelli o Vicente Rafael. El punto de partida de este diálogo interdisciplinar reside en la idea de una conexión intrínseca y una afinidad profunda entre la traducción y la historia. Por un lado, es difícil negar que la actividad traductora ha desempeñado un papel significativo en el antaño y, por otro, la información correspondiente a la época en la que se traduce uno u otro texto facilita nuestra comprensión de las estrategias escogidas por el traductor y nos sitúa en el escenario sociopolítico en el que la labor traslativa se lleva a cabo.

Cabe destacar que varios teóricos han reunido esfuerzos para ofrecer una visión integral de la relación entre la historia y la traducción. A tal respecto, es relevante recordar

---

[18] Para más información, véase https://historyandtranslation.net/.

publicaciones como *Charting the Future of Translation History* (Bastin y Bandia 2006), una antología preparada en el seno de la traductología que se adentra en temas como las lagunas en la historia, la aplicación de postulados deconstructivistas a la historia de la traducción, el multilingüismo, la microhistoria y la interpretación. Otro ejemplo sería *La traducción y la(s) historia(s). Nuevas vías de investigación* (Vidal Claramonte 2018), un monográfico del cual nos ocuparemos en páginas posteriores.

Falta añadir que en el año 2022 ven la luz dos obras fundamentales para explorar los senderos que conectan la historia y la traducción: *The Routledge Handbook of Translation and History*, editado por Christopher Rundle (2022), y *Translation and History: A Textbook*, de Theo Hermans (2022). En sus más de quinientas páginas, el primer volumen baraja un alto espectro temático y dirige su mirada a una gran variedad de aspectos relativos a la historia de la traducción rastreados desde tres dimensiones, a saber, textos, contextos y traductores. En cuanto a la investigación de Hermans, brinda un recorrido impresionante del entendimiento de la historia, que incluye la historiografía crítica, las nuevas formas de escribir la historia tras el giro lingüístico, la historia de los conceptos y la memoria.

A su vez, como antídoto al peligro de una sola historia (Adichie 2009), se emprende una serie de estudios que, partiendo del concepto de traducción, procura desmantelar antiguos estereotipos y relatos únicos. Así, la actividad traslativa sirve como una clave para entender de manera más completa la historia (pos)colonial (véase Bandia 2009; Carbonell Cortés 1995; Niranjana 1992; Rafael 1988/1993; Valdeón 2014). Otros esfuerzos por desbaratar la Historia de la traducción para dar voz a la heterogeneidad de las historias provienen de los estudios de traducción feministas (Castro y Ergun 2017; Von Flotow y Kamal 2020). Estas investigaciones abogan por una historia de la traducción inclusiva, heteroglósica y descentrada. En este sentido, quizás sea más preciso decirlo en plural, *historias*, dado que la nueva historia de la traducción se escribe en plural, o microhistorias, puesto que varios teóricos animan a aplicar los modelos de la microhistoria para conocer el pasado de la traducción (véase Adamo 2006).

3.2.2.   Hacia el concepto de historia como traducción de lo real

Sin lugar a duda, uno de los enfoques más completos y novedosos sobre la intersección entre la historiografía y los estudios de traducción se promueve en el monográfico de África Vidal Claramonte (2018), titulado *La traducción y la(s) historia(s). Nuevas vías de investigación*. En dicha publicación —enraizada en la historiografía crítica—, la autora cuestiona el concepto de historia como una narración objetiva de la realidad e indica que «la historia no es un texto sino textos que reescriben, que traducen intralingüísticamente, lo real» (*ibid.*: 2). Con ello, invita a concebirla como una primera traducción de lo real, una traducción intralingüística, puesto que «escribir la historia es reescribir realidades, y en ese proceso el historiador se torna traductor intralingüístico» (*ibid.*: 13). Asimismo, la investigadora hace hincapié en que la historia oficial es un discurso creado e impulsado por los que detentan el poder, y subraya la importancia de no permitir que sea la única versión del pasado. De ahí que anime a sus lectores a acercarse a lo desconocido y a reescribir las historias de los *nadies*, aquellos que hasta ahora no han tenido voz.

Ahora bien, es importante precisar que los historiógrafos críticos —cuyas aportaciones respalda Vidal Claramonte para desarrollar su teoría de la historia como una traducción del pasado— no solo entienden el texto histórico como una narrativa, una reescritura de la realidad, sino que en determinadas ocasiones utilizan expresamente la palabra *traducción* a la hora de escribir sobre la historia. A saber, desde el punto de vista de White (1987/1990: 1), la narrativa —y, por ende, la historia— constituye «the problem of how to translate knowing into telling». Como señala este teórico, es posible que a los historiadores no les agrade la idea de pensar que sus obras proyectan traducciones de «hechos» a «ficción», pero este fenómeno es uno de los resultados de su oficio (White 1978: 92).

Al mismo tiempo, Munslow (2012: 150) sostiene que la historia «is essentially a translation exercise». La escritura de la historia se plasma como una traducción entre diversos medios (LaCapra 1983/1994: 26), donde el pasado se traduce al formato escrito (Munslow 1997: 104) y requiere una cuidadosa selección entre palabras, fuentes y documentos. En este contexto, el historiador asume el papel de traductor entre el pasado y el presente (Burke 2005: 3).

Después del paso pionero de Vidal Claramonte (2018), varios traductólogos se han sentido motivados a reflexionar sobre la historia como un fenómeno traslativo. Así, Hermans (2022: 139-140) argumenta que la tarea de los historiadores incluye un componente de traducción, dado que traducen los registros archivísticos a su marco conceptual. Y Alonzi (2023b) establece un vínculo entre la historia y la traducción a través del concepto de anacronismo en su artículo «History as Translation/Anachronism as Synchronism». Además, este mismo investigador ha editado recientemente una antología titulada *History as a Translation of the Past: Case Studies from the West* (Alonzi 2023a), otro ejemplo que subraya el creciente interés en la nueva concepción de la historia desde una óptica traductológica.

Llegados a este punto, es fundamental trazar paralelismos entre la actividad traductora y la historiográfica. En primer lugar, resulta evidente que ambos ejercicios se entrelazan: al igual que el traductor interlingüístico debe informarse y documentarse sobre el periodo en la que se produjo el original, el historiador se enfrenta continuamente a la tarea de traducir, descifrar documentos en otros idiomas, así como textos redactados en épocas lejanas.

En segundo lugar, el resultado de ambas prácticas son narraciones. Cada acto de comunicación —incluido el que produce el historiador— es un acto de traducción, como bien señala Jenkins (1991/2003: 48). A fin de cuentas, tanto el relato histórico como la traducción son constructos lingüísticos, interpretaciones que inevitablemente presentan manipulaciones, omisiones, alteraciones y fragmentaciones (Rosenstone 2005: x). El *habitus*, en el sentido bourdieuiano del término, de los profesionales de turno posee un impacto directo en qué, cómo y por qué escriben. A su vez, la imagen del público receptor en el caso de los dos quehaceres adquiere especial relevancia, dado que el mensaje transmitido se modificará según quien lo consuma. Al mismo tiempo, ambos fenómenos contienen una carga ideológica —como el propio uso del lenguaje—, ya que es imposible imaginar a un traductor o a un historiador como agentes neutros, libres de sesgos ideológicos.

En tercer lugar, las miradas tradicionales tanto a la historia como a la traducción comparten dos percepciones erróneas muy similares: la de abrir una ventana al pasado, en el caso de la primera, y la de ser fiel al original, en el caso de la segunda. A este respecto, «el deseo de recuperar el pasado y el reconocimiento de la imposibilidad de hacerlo» —el lema del posmodernismo historiográfico, propuesto por Spiegel (en Aurell 2016: 155)— puede aplicarse a la traducción, al revelarla como un deseo de recuperar el original y un reconocimiento de la imposibilidad de hacerlo. La perspectiva traductológica arroja luz sobre la Historia con mayúscula como el original perdido para siempre (Hernadi 1976: 247).

Por último, tanto el traductor como el historiador actúan como mediadores entre el pasado y el presente. Atrapados entre los hilos espaciotemporales, buscan transmitir sus conocimientos y sus hallazgos mediante el lenguaje siempre contemporáneo. En detrimento del enfoque rankeano, resulta imposible amputar el presente para profundizar en el pasado, ya que el historiador, junto con su *habitus*, no es capaz de desplazarse temporalmente.

En definitiva, solo podemos aproximarnos al pasado a través de las traducciones (Munslow 1997: 57-58). La historia carece de materialidad, su naturaleza es lingüística, de ahí que el oficio del historiador radique en traducir el tejido no verbal de los acontecimientos históricos al formato verbal (Hernadi 1976: 247). Por otro lado, la riqueza de la historia es proporcional a la diversidad de voces que hayan contribuido a su construcción. Por esta razón, las reescrituras de la realidad deben ser múltiples, divergentes, fluidas, heterodoxas, como lo van mostrando desde hace décadas nuevas corrientes historiográficas.

Traducir y narrar historias nos acerca a lo diferente, atenúa las distancias entre lo Mismo y lo Otro, y nos enriquece al vislumbrarnos una retahíla de lecturas del pasado y del presente. Hoy en día,

> traducir ya no es contar la Historia, es contar las historias, es interpretar, es cada acto de nuestra existencia, aquello que nos configura como personas, porque nuestras traducciones dicen mucho de nosotros, de nuestras historias y de las historias que contamos de los otros; traducir y narrar la historia son actividades que nos delatan, que nos acercan al otro o nos alejan de él; en otras palabras, son actividades que, nada menos, nos van construyendo como seres humanos. (Vidal Claramonte 2018: 12).

3.2.3. La liberación de la memoria a través de la traducción

En lo que atañe a la conexión entre los estudios relacionados con la memoria y la traductología, transcurrieron muchos años antes de que estas dos disciplinas mostraran un interés mutuo. Uno de los principales impulsos para su acercamiento epistemológico se asocia con los testimonios del Holocausto, a menudo explorados desde el prisma traductor (véase Boase-Beier *et al.* 2017; Fernández Gil 2013). Por un lado, los relatos de los supervivientes de la Shoá captan la atención de los traductólogos debido a las cuestiones éticas que se plantean durante su trasvase interlingüístico (Davies 2018). En este sentido, la figura del traductor puede concebirse como la del segundo testigo, intérprete éticamente comprometido y receptor de la experiencia vivida (Deane-Cox 2013: 311). Por otro lado, el propio Holocausto entronca en su índole el multilingüismo, tanto por el uso de una gran variedad de idiomas en los campos de concentración como por la migración masiva a otros países una vez finalizada la guerra.

Ahora bien, amén de considerar a los traductores interlingüísticos como difusores del conocimiento sobre el pasado, es esencial recordar que —tras la apertura interdisciplinar de la traductología— la traducción actúa como una especie de faro, cuya luz ilumina toda una serie de fenómenos más allá del trasvase entre lenguas. Así, en ámbitos académicos se visibiliza cada vez más su función en los procesos mnemónicos. En este contexto, varios estudiosos, como Bassnett y Johnston (2019: 186-187) o Nergaard y Arduini (2011: 14), coinciden en que la verdadera ampliación del concepto de traducción en relación con la memoria comienza con la publicación del monográfico de Bella Brodzki (2007), *Can These Bones Live? Translation, Survival, and Cultural Memory*.

En esta obra revolucionaria, Brodzki (2007) desentraña la interconexión entre traducción, memoria y trauma a fin de hacer patente la indispensabilidad de la traducción para la comprensión de lo mnemónico. Así, la traducción aflora como un acto de identificación que transforma lo oculto en lo visible, como un desplazamiento crítico y dinámico que se mueve entre géneros y generaciones, entre experiencias y textos. Gracias a estos tránsitos continuos, la actividad traductora perpetúa la memoria, la salva del olvido y asegura que el original perdure. Partiendo de la teoría benjaminiana de la traducción como supervivencia del original (Benjamin 1923/1996), esta experta en literatura comparada observa la presencia de la traducción en todas las operaciones culturales, en cada acto cognitivo y comunicativo, incluida la memoria. En el proceso traslativo, un acontecimiento o un recuerdo se reconfiguran y sufren cambios, de ahí que el supuesto original se vuelva irrecuperable e inaccesible.

Ya afirmaba Bassnett (2003: 300) que la imagen benjaminiana de la traducción como supervivencia está íntimamente ligada a la memoria. Brodzki (2007: 5) alude a la supervivencia como una práctica cultural, una acción simbólica, un proceso que extiende la vida y deja las huellas de los significados originales en esta prolongación. A este tenor, la traducción potencia que lo olvidado resurja, renazca en otro contexto espaciotemporal y, con ello, desafíe tanto el silencio como la desmemoria. En definitiva, sin la intervención traductora ninguna historia o recuerdo habrían sobrevivido. La obra de Svetlana Alexiévich es un claro ejemplo de ello.

A tal efecto, «excavating or unearthing burial sites or ruins in order to reconstruct traces of the physical and textual past in a new context is […] a mode of translation, just as resurrecting a memory or interpreting a dream are acts of translation» (*ibid*.: 4). En cuanto a la observación de Brodzki sobre la interpretación de sueños como un acto traductor, huelga destacar que este mismo planteamiento figura en los escritos de Sigmund Freud. En su obra seminal *The Interpretation of Dreams* (Freud 1913/2015), así como en muchos otros textos, el padre del psicoanálisis con frecuencia emplea el concepto de traducción más allá de su dimensión interlingüística. Bajo el paraguas del pensamiento freudiano, la traducción se erige como un movimiento desde lo inconsciente hacia lo consciente, que luego requiere una traducción verbal y, posteriormente, otra traducción llevada a cabo por un especialista.

En este punto, conviene volver a dirigir nuestra mirada al diagnóstico de la intersección entre memoria y traducción, para trazar el vector que conecta estos dos fenómenos. Así pues, cabe precisar que Derrida (1986/1989: 10-11) ya mencionaba la traducción al indagar en la naturaleza mnemónica: «What is memory? [...] [W]hat sense does it make to wonder about the being and the law of memory? These are questions [...] that cannot be formulated without entrusting them to transference and translation». Paradójicamente, en el ámbito de las investigaciones neurobiológicas en torno al aprendizaje, en ocasiones estos dos conceptos van de la mano, como se pone de manifiesto en el artículo «Translating Memories: The Role of Protein Biosynthesis in Synaptic Plasticity» (Westmark y Malter 2009). A su vez, neuro-científicos, como Damasio (2010: 106), los entrelazan a partir de la idea del movimiento:

> [H]ow our connection to others occurs not just by visual images, language, and logi-cal inference but also via something deeper in our flesh: the actions with which we can portray the movements of others. We can perform four-way translations among (1) actual movement, (2) somatosensory representations of movement, (3) visual representations of movement, and (4) memory.

En lo que concierne a los estudios de traducción, muchos investigadores también han profundizado en su dialéctica. Entre los trabajos más destacados es preciso nombrar *Mapping Memory in Translation*, cuya autora, Siobhan Brownlie (2016), reflexiona de manera sistemática sobre diferentes tipos de memoria y explora su aplicación en el contexto de la traductología. Por otra parte, hace poco, Radstone y Wilson (2021b) publicaron un libro colectivo, *Translating Worlds: Migration, Memory, and Translation*. Esta obra sitúa en el centro del análisis los procesos migratorios y la memoria, diseccionados desde el ángulo traductor. Por último, huelga señalar *The Routledge Handbook of Translation and Memory* (Deane-Cox y Spiessens 2022b), otra aportación que ha marcado un antes y un después en el estudio de la correspondencia entre memoria y traducción. Este volumen abarca un amplio espectro temático interdisciplinar, que va desde la traducción interlingüística tradicional de testimo-nios hasta la escritura autobiográfica entendida como traducción de una experiencia vivida.

A continuación, expondremos algunas de las conclusiones acerca de la interconexión entre memoria y traducción presentes en los escritos académicos. A saber, ambas actividades —que, de hecho, son tanto el proceso como su resultado— encapsulan una reelaboración de una fuente (Deane-Cox y Spiessens 2022a: 1), su recontextualización, su reconstruc-ción selectiva y nunca inocente (Jünke y Schyns 2024: 1), moldeada a través de prácticas socioculturales. Ambas poseen una clara dimensión lingüística; son narrativas parciales y cambiantes, que vislumbran, al tiempo que ocultan, edifican realidades y las destruyen. Asimismo, socavan el vehemente deseo de una representación fiel (Bond 2024: 22). Varios autores nos remiten al concepto de pérdida (*loss*) con relación a estas dos nociones[19].

La memoria se revela como un proceso constante de traducciones (Lindemann Lino 2021: 53), un fenómeno traslativo marcado por la naturaleza transformadora de la

---

[19] Véase Brodzki (2007: 186), Nergaard (2017: 9), Ricoeur (2004/2006: 3), Stoicea (2006: 50), entre otros.

traducción, dado que el acto de recordar hechos pasados acarrea transferencias a través del tiempo y el espacio. Así, la traducción se plasma como una materialización de lo mnemónico, su vehículo expresivo, una fuerza que lo pone en movimiento (Simon en Simon y Polezzi 2022: 163). A su vez, traducir implica recordar; cada texto traducido encapsula la memoria, la del original y la de su cultura.

Al hilo del pensamiento benjaminiano (Benjamin 1923/1996), ambos conceptos incardinan la noción de supervivencia, representan una fuente de nueva vida en un contexto diferente (Brodzki y Demaria 2017: 24) y sirven como un instrumento contra el olvido. En este sentido, es importante resaltar el papel del segundo testigo —el entrevistador, la persona que escucha y recopila el testimonio—, quien traduce la experiencia vivida del otro a un relato. Incluso se podría afirmar que todo segundo testigo siempre es traductor (Violi 2014/2017: 45).

«Translation, like memory, is [...] a combination of the present and the implicit absent», resume Bassnett (2024: 9). Los dos fenómenos obran como mediaciones entre el pasado y el presente, los conectan y muestran cómo lo sucedido antaño se comprende en la actualidad. Existe una evidente brecha entre la experiencia y su representación, y el medio que los entreteje es la traducción, que siempre actúa conforme a las exigencias y las necesidades del presente y del futuro. En este contexto, la experiencia desempeña la función del original (Brodzki 2007: 110).

El propio proceso de recordar entraña la traducción (Brodzki 2007: 15, Radstone y Wilson 2021a: 3), al tiempo que el acto traslativo contribuye a materializar lo mnemónico. En estas circunstancias, el testimonio se cristaliza como una traducción de las vivencias y de las experiencias al lenguaje simbólico de un texto. A la hora de traducir, damos forma a nuestros recuerdos multidimensionales, involucrando todos los sentidos (Bassnett 2024: 10).

A raíz del planteamiento sobre la interconexión entre lo mnemónico y lo traslativo, urge repensar el significado de otro término afín al de traducción: la autotraducción. Así, bajo el prisma de las teorías traductológicas más novedosas, la autotraducción puede entenderse como un «self-reflexive act of narrating lived experience» (Baxter 2017: 222), como una forma de construir un autorretrato. En la misma línea, Brodzki (2017: 17) anima a analizar las autobiografías en términos de (auto)traducción.

Por otra parte, la traducción opera como un trasvase de los recuerdos privados a la memoria pública (Brodzki y Demaria 2017: 18; Hirsch y Spitzer 2010: 392). Así, la traducción trasluce como una herramienta para construir memorias colectivas, que permite que las experiencias históricamente marginadas entren en el escenario, adquieran visibilidad e influyan en la percepción de la realidad pasada. El cierre de este ciclo se produce en el lector, quien traduce los mensajes recibidos (Hron 2009: 238) y, con ello, hace que regresen del ámbito público al privado.

En estas circunstancias, la posmemoria también se instala como una transferencia —una traducción— de lo recordado en términos intergeneracionales (Panico 2020). Se trata de un fenómeno traslativo por excelencia, «as it entails the intergenerational transfer of experiences between the generation of witnesses and the generation after»

(Jünke 2023: 1290). La propia Hirsch (2012: 92) se refiere al testimonio escrito por una hija de las víctimas del Holocausto como una traducción.

Al igual que la memoria, la actividad traductora se manifiesta en los entornos urbanos multilingües. En una serie de publicaciones, Sherry Simon (2012; 2019) realiza una suerte de arqueología metafórica de las ciudades plurilingües para dilucidar cómo los recuerdos del pasado y las prácticas traslativas se entrelazan y se revelan allí. De forma parecida, los museos también constituyen repositorios en los que coexisten estos dos fenómenos (Sturge 2007). Los objetos expuestos en los centros museísticos traducen los recuerdos selectivos del pasado.

En lo que concierne a los objetos cotidianos, portadores de las huellas del pasado, sirven como un enlace entre la memoria y la traducción. Al entrar en contacto con estos, se activan los recuerdos y, por ende, se pone en marcha el proceso traslativo (Simon en Simon y Polezzi 2022: 154). Según Violi (2014/2017: 20), «[m]emory is not in the objects that support it, […] but lies in the processes of construction, interpretation and translation of their meaning».

Finalmente, huelga recordar la dimensión emocional tanto de la traducción como de la memoria. Ambas experiencias se hallan envueltas en procesos afectivos que impulsan sus movimientos, así como establecen un nexo entre el ser humano y el mundo que lo rodea. Las emociones se visibilizan de forma especial en el contexto de recuerdos traumáticos: exploraremos su conexión con la actividad traslativa a continuación.

3.2.4. La traducción como un antídoto contra el trauma

De manera semejante a la memoria, la transmisión del trauma encuentra un paralelo estructural con la traducción. Rememorar y expresar la experiencia traumática es traducirla (Brodzki y Demaria 2017: 25; McKenzie 2021; Nguyen 2021), traducir el dolor de lo inexplicable. En la arquitectura paradójica de lo traumático, que se experimenta más tarde en la forma de un retorno repetitivo a lo sucedido, es donde Manenti (2015: 65) identifica similitudes con la traducción. Tras la ocurrencia de un acontecimiento lacerante, el superviviente lo traduce, lo interpreta y lo incorpora a la historia oral. A su vez, Brodzki (2007: 123) ata un nudo simbólico entre la traducción y el trauma mediante la reconocida metáfora benjaminiana de la vasija rota:

> [T]he allegory of the shattered vessel also helps us to conceptualize the relationship between translation and trauma: the shattered vessel is the post-Babelian, post-traumatic condition —as theologically and psychoanalytically defined— that presupposes an underlying prior unity before the break. The fragments relate to each other by contiguity; "articulated together", they may evoke a lost totality or their prior unity, but they cannot be reconstituted, instead remaining forever essentially fragmented and fragmentary.

Ahora bien, nos preguntamos, de la mano de Leonor Arfuch (2013: 38), «cómo traducir el horror en palabras, donde la voz se acalla o se entorpece». Dada la complejidad somatosensorial del trauma, muchos teóricos sostienen que tales experiencias no pueden organizarse a nivel lingüístico, estructurarse en palabras o símbolos (Pillen

2016: 98). Dicha resistencia a la verbalización se conoce en el ámbito clínico como *alexitimia* y se conceptualiza por algunos neurocientíficos en términos de traducción:

> Many traumatized patients suffer from *alexithymia* — an inability to translate somatic sensations into basic feelings, such as anger, happiness, or fear. This failure to translate somatic states into words and symbols causes them to experience emotions simply as physical problems. This naturally plays havoc with interpersonal communication. These people experience distress in terms of physical organs, rather than as psychological states. (Van der Kolk, McFarlane y Van der Hart 1996/2007: 423).

En este contexto, si bien ciertos especialistas insisten en la intraducibilidad del trauma (Zepinic 2012: 260-261), hay quienes, por el contrario, subrayan la necesidad de afrontarlo mediante la traducción, ya que trabajar con el trauma siempre involucra un acto traductor (Stoicea 2006: 46; With Bashir 2019). Sin ignorar el hecho de que los recuerdos lacerantes poseen una naturaleza distinta en comparación con los comunes, el trasvase lingüístico de lo traumático, no obstante, ya no se considera imposible, sino sumamente desgarrador, doloroso y difícil.

Según defiende Hron (2009: 34), la teoría traductológica resulta útil a la hora de examinar los obstáculos con que las personas se enfrentan al expresar su sufrimiento de forma verbal. A través del ejercicio traductor, se teje un hilo que conecta los dos mundos del sujeto traumatizado: el «yo» de antes y el «yo» actual. Desde el punto de vista de algunos investigadores, al narrarse, al traducirse, el trauma pierde tanto la precisión como la fuerza que caracteriza la evocación traumática (Caruth 1995a: 153). Como consecuencia, se construye un nuevo significado que transforma la memoria traumática en la memoria narrativa (McKenzie 2021: 253). En otras palabras, el individuo se liberará de los síntomas resultantes una vez que haya traducido con éxito sus recuerdos dolorosos (Merrill 2017: 55). En definitiva,

> the initially inaccessible traumatic imprint may in time be addressed or represented in language as the "translation" between the right and left sides of the brain is achieved. The verbalization of the traumatic imprint and the perhaps "sacrilegious" variations played on it may be necessary for a traumatized person's recovery or "cure". (LaCapra 2001/2014: 107).

En cuanto a la sanación mencionada por LaCapra, Freud (1914/1959: 371) ya afirmaba que «[w]hile the patient lives [the trauma] through as something real and actual, we have to accomplish the therapeutic task, which consists chiefly of translating it back again in terms of the past». Mientras que la represión de lo traumático perjudica al ser humano, traducirlo conlleva efectos terapéuticos, sana, puesto que al iluminar con el duelo verbalizado la oscuridad del recuerdo nocivo, se facilita el proceso de curación. Hasta que las huellas lacerantes no se hayan traducido en una narración, continuarán persiguiendo a su víctima en forma de percepciones somáticas y preocupaciones obsesivas (Van der Kolk, Van der Hart y Marmar 1996/2007: 309). En estas circunstancias, la traducción irrumpe como un verdadero antídoto contra el trauma, una terapia necesaria para la sanación, una especie de remedio narrativo.

Por último, cabe indagar en la naturaleza de estas traducciones traumáticas. En este sentido, una vez que los supervivientes se sienten seguros, se les anima a empezar «to translate the memories that previously overwhelmed them into language» (Van der Kolk 2014: 277). Al compartir sus experiencias dolorosas, a menudo se apoyan en las percepciones sensoriales para transmitir los horrores de sus traumas, ya que resulta complicado hallar palabras que resuman la intensidad lo vivido. Sin embargo, el dolor corporal «lucidly translate[s] the suffering» (Hron 2009: 96); por lo tanto, una gran cantidad de víctimas recurre a descripciones de sus sensaciones físicas y emocionales a fin de hacer inteligible su sufrimiento. Lo podremos comprobar más adelante al analizar los testimonios de los testigos entrevistados por Alexiévich.

En ciertos casos, las narraciones de los supervivientes resultan incomprensibles debido a la falta de coherencia (Stoicea 2006: 49). Exagerar y distorsionar los hechos traumáticos, adaptar su interpretación a los esquemas familiares, puede considerarse como una forma de traducción de lo traumático. En suma, plasmar el trauma en la escritura es una «discursive form that often translates into aesthetic, literary and artistic writing, strongly charged with pathos and aimed at arousing a participatory relationship with the reader rather than developing a critical analysis» (Violi 2014/2017: 39). Se debe transmitir un mensaje persuasivo, que influya al lector para que traduzca el sufrimiento en el contexto de su propia experiencia (Hron 2009: xvii).

Con todo, algunos académicos, como Batchelor (2015: 192), sugieren leer determinadas obras literarias en clave de una traducción del trauma a la expresión escrita. En este sentido, la presencia de episodios traumáticos y dolorosos se vislumbra en numerosos textos que exploran la historia soviética. Así, el último capítulo de este monográfico busca dilucidar la intersección entre la traducción y la representación del pasado traumático en los libros de Svetlana Alexiévich.

Capítulo 4
Voces de la Utopía, de Svetlana Alexiévich: la traducción emocional del pasado soviético

> [L]a lucha del hombre contra el poder
> es la lucha de la memoria contra el olvido.
>
> *Milan Kundera (1978/1983: 10)*

> Unbearable, you might say. It is unbearable.
> But there is no word for the unbearable. If the
> word bears it, it is bearable.
>
> *Katja Petrowskaja (2014/2018: 220)*

En su célebre libro *El narrador*, Walter Benjamin (1936/2008) elogia al escritor ruso decimonónico Nikolái Leskov, al caracterizarlo como un verdadero narrador. Según el filósofo alemán, a diferencia del novelista que obra en completa soledad, el narrador «toma lo que narra de la experiencia [...] [y] la convierte a su vez en experiencia de aquellos que escuchan su historia» (*ibid*.: 65). A tal efecto, creemos que en el siglo xx la cultura de habla rusa ha brindado al mundo literario a otra destacada narradora en el sentido benjaminiano. Nos referimos a Svetlana Alexiévich, la narradora por excelencia que ha recopilado testimonios de cientos de narradores anónimos con el propósito de traducir sus experiencias emocionales y transformarlas en las del lector.

Fue en octubre de 2015 cuando los medios de comunicación de diversos lugares del planeta comenzaron a hablar de esta escritora de origen bielorruso, primera periodista profesional en ganar el Premio Nobel de Literatura por sus «polyphonic writings, a monument to suffering and courage in our time»[20]. Este prestigioso galardón la situó en el pedestal de los literatos contemporáneos más populares a nivel internacional y dio a conocer al público su ciclo *Golosa Utopii* [*Voces de la Utopía*], compuesto por

---

[20] Véase https://www.nobelprize.org/prizes/literature/2015/press-release/.

los siguientes cinco libros: *U vojny ne ženskoe lico* [*La guerra no tiene rostro de la mujer*[21]*], 1984/2016; Poslednie svideteli* [*Últimos testigos*[22]*], 1985/2016; Cinkovye mal'čiki* [*Los muchachos de zinc*[23]*], 1990/2022; Černobyl'skaja molitva* [*Voces de Chernóbil*[24]*], 1997/2016; y Vremja sekond hènd* [*El fin del «Homo sovieticus»*[25]*], 2013/2016.

Tal y como declara el sitio web oficial de Alexiévich, en su conjunto, estos títulos —en muchas ocasiones definidos como «novelas de voces»[26]— conforman una imagen de la historia «del alma ruso-soviética, [h]istoria de la grandiosa y temible Utopía, el comunismo»[27]. Si bien, según la Premio Nobel, su mentalidad bielorrusa suele reflejarse en sus textos, elige redactar en ruso precisamente porque «la [U]topía hablaba en la lengua rusa»[28] (Alexiévich en Tolokolnikova 2016: s. p.).

Con millones de ejemplares vendidos, sus obras, traducidas a 52 idiomas, han trascendido fronteras, abriendo nuevas perspectivas sobre el pasado de la URSS, que le han valido a la periodista bielorrusa una gran cantidad de premios y reconocimientos. La historia soviética —que durante más de setenta años estuvo impregnada por la ideología socialista y comunista de quienes detentaban el poder— halla un enfoque innovador en la narrativa de Alexiévich. En sus escritos, emerge una historia más humana, repleta de emociones y traumas.

Esta versión alternativa a la oficial, traducción de lo real (Vidal Claramonte 2018), se construye mediante conversaciones personales que la escritora lleva a cabo con sus interlocutores, las voces silenciadas que, a través de las páginas de sus libros, obtienen el derecho de expresarse. En los testimonios recogidos, los entrevistados rememoran experiencias vividas que difieren de manera notable de los relatos canónicos aprobados por la maquinaria ideológica del Imperio Rojo. Así, la autora de *Voces de la Utopía* evoca en estos subalternos recuerdos emocionales sobre la cotidianidad durante la Segunda Guerra Mundial, la catástrofe de Chernóbil, la disolución de la URSS o las atrocidades del conflicto bélico entre la Unión Soviética y Afganistán, entre otros temas.

---

[21]   Traducción al español de Zahara García González y Yulia Dobrovolskaia, 2015. Como hemos adelantado en la introducción, a fin de facilitar su lectura, hemos optado por utilizar los títulos de las obras de Alexiévich tal y como se conocen en España.

[22]   Traducción al español de Zahara García González y Yulia Dobrovolskaia, 2016.

[23]   Traducción al español de Zahara García González y Yulia Dobrovolskaia, 2016.

[24]   Traducción al español de Ricardo San Vicente, 2006. El título original se puede traducir como *La oración de Chernóbil*.

[25]   Traducción al español de Jorge Ferrer, 2015. El título original se puede traducir como *Tiempo de segunda mano*.

[26]   Véase https://www.nobelprize.org/prizes/literature/2015/alexievich/prize-presentation/.

[27]   «русско-советской души, [и]стория великой и страшной Утопии – коммунизма». Véase https://alexievich.info/. [todas las traducciones del ruso al español que figuran en este capítulo son nuestras, salvo que se indique lo contrario].

[28]   «[У]топия говорила на русском языке».

En el presente capítulo, nos proponemos explorar en profundidad la obra de Svetlana Alexiévich a fin de diseccionar sus «novelas de voces» desde una perspectiva traductológica. A saber, debido a frecuentes reescrituras a las que somete sus creaciones artísticas, en círculos académicos existen opiniones divergentes sobre la clasificación de sus textos como ficción o no ficción. En oposición a estos encasillamientos epistemológicos y en virtud de las últimas teorías de la traductología que promueven la ampliación del concepto de traducción, intentaremos mostrar cómo su ciclo, *Voces de la Utopía*, puede examinarse desde una óptica traductora y, con ello, adquirir nuevas interpretaciones.

Tras ofrecer un breve resumen de su biografía y de los volúmenes que constituyen la pentalogía —así como desentrañar los hilos conductores de su proceso creativo y cotejar algunas de las numerosas investigaciones sobre el género literario en el que trabaja la Premio Nobel—, avanzaremos hacia un examen traductológico del ciclo. Dicho estudio permitirá apreciar la presencia de la práctica traductora en su obra a varios niveles y facilitará la identificación de su herramienta principal para representar el pasado soviético: plasmarlo como una secuencia de experiencias emocionales, marcadas por sucesos traumáticos. Al vaciar los cinco libros del corpus escogido, buscamos revelar en qué recursos estriba la autora con el objetivo de construir una traducción emocional polifónica de la historia de la URSS.

4.1.   SVETLANA ALEXIÉVICH Y SUS «NOVELAS DE VOCES»

La escritora nace en Stanislav[29], ciudad ubicada en la región occidental de la Ucrania Soviética, en 1948, tan solo tres años después de la finalización de la Gran Guerra Patria[30]. En sus primeros años de vida, su familia, compuesta por un padre bielorruso y una madre ucraniana, decide trasladarse a Minsk. Antes de graduarse en Periodismo por la Universidad Estatal de Bielorrusia, la joven Alexiévich inicia su carrera como periodista y compagina esta actividad con la de profesora de historia y alemán en un colegio local. En la década de los setenta, colabora de forma activa con una serie de revistas y periódicos bielorrusos; sin embargo, según sus propias palabras, en aquel periodo se siente constreñida en el mundo de los medios de comunicación, caracterizado por una férrea censura (Alexiévich en Bek 1996/2016: s. p). Guiada por el reconocido escritor bielorruso Alés Adamóvich, descubre su verdadera vocación en la literatura y, a partir de los ochenta, se entrega por completo a la creación literaria.

La obra que impacta a la futura Premio Nobel y define su trayectoria profesional es *Ja iz ognennoj derevni* [*Soy de una aldea en llamas*], de Adamóvich, creada en colaboración

---

[29]   En 1962, la ciudad se renombra como Ivano-Frankivsk.

[30]   Este término se utiliza en la historiografía soviética y postsoviética para referirse al conflicto militar entre la URSS y el Tercer Reich, desarrollado en el marco de la Segunda Guerra Mundial, desde el 22 de junio de 1941 hasta el 9 de mayo de 1945. En el presente trabajo, emplearemos tanto el término *Gran Guerra Patria* como *Segunda Guerra Mundial*.

con Bryl y Kolésnik (Alexiévich 1984/2016: 9). Se trata de un compendio que abarca cerca de trescientos relatos narrados por los supervivientes de los incendios provocados por los nazis durante la ocupación de Bielorrusia (véase Adamóvich, Bryl y Kolésnik 1975/1991). En las páginas de este conmovedor libro, Alexiévich halla un aliento similar al de las escalofriantes historias sobre la guerra que solía escuchar durante su infancia, mientras veraneaba en la casa de su abuela materna, en una pequeña aldea en el suroeste de Ucrania. Aquellos testimonios, compartidos en su mayoría por mujeres —debido a la considerable pérdida de hombres durante el conflicto armado—, dejaron una de las impresiones más profundas en la vida de la autora (véase Alexiévich en Tolokolnikova 2016).

Al igual que la mayoría de los soviéticos de su generación, creció en una familia cautivada por las ideas comunistas. Las revistas que presenciaron los inicios periodísticos de Alexiévich también seguían la línea ideológica promovida por el Estado, como se refleja claramente en sus primeras publicaciones (véase Alexiévich 1977). No obstante, con el paso del tiempo, sus convicciones ideológicas han evolucionado, y hoy en día se identifica como partidaria del liberalismo (Alexiévich en Tolokolnikova 2016).

Se autodefine como una gran admiradora de Belarús: después de más de doce años viviendo en migración en varios países europeos —como Suecia, Alemania e Italia—, la escritora decide instalarse en Minsk en 2013. Sin embargo, se ve obligada a abandonar la capital bielorrusa en 2020 y trasladarse a Alemania debido a las represiones del actual presidente bielorruso, Alexandr Lukashenko. Pese a que redacta en ruso, la escritora no goza de gran popularidad ni en Rusia ni en Bielorrusia dada su firme postura negativa con respecto a los regímenes políticos de ambos Estados.

Por lo general, Alexiévich dedica entre siete y diez años en escribir cada libro. Debido a ello, no puede considerarse una autora muy prolífica: su legado literario se circunscribe al ciclo *Voces de la Utopía*, que ella revisa y actualiza de considerarlo necesario. Así, el primer volumen de la pentalogía, *La guerra no tiene rostro de mujer* (1984/2016), hunde sus raíces en la infancia de la autora, fascinada por los testimonios sobre la Gran Guerra Patria, que compartían las mujeres en la aldea de su abuela. Ya de adulta, Alexiévich lleva a cabo entrevistas con cientos de mujeres participantes de la guerra para contrarrestar sus historias con la perspectiva masculina tradicional, así como el discurso oficial. A saber, mostrar este sangriento episodio histórico desde el punto de vista femenino era una labor pendiente, puesto que prácticamente todas las narrativas sobre la guerra producidas en la URSS se habían abordado desde la óptica masculina.

Tras someterse a un riguroso proceso de censura, el libro, finalmente, ve la luz en la revista *Oktiabr'* en 1984 y se publica en su versión completa en 1985, a cargo de la editorial bielorrusa Mastackaja literatura. En los años posteriores a su primer lanzamiento, la autora continúa trabajando en el texto y, en los albores del nuevo siglo, —libre de los censores soviéticos— lo reelabora de manera profunda. Cada edición implica una nueva traducción de las historias escuchadas, un nuevo intento de superar el orden andrógino.

Al igual que su ópera prima, *Últimos testigos* (1985/2016) busca superar la representación convencional de las hazañas bélicas durante la Gran Guerra Patria. En esta ocasión, nos encontramos ante testimonios de los soviéticos cuya infancia transcurrió en plena Segunda Guerra Mundial y que, siendo adultos, comparten con la escritora sus experiencias traumáticas producidas durante aquel conflicto militar. Esta obra, publicada en 1985 en la editorial Molodaja gvardija, presenta la guerra a través de los ojos de niños testigos. Tal y como ocurre con *La guerra no tiene rostro de mujer*, este escrito experimenta reediciones de manera constante tras su primera publicación.

Después de dedicar sus dos primeros trabajos a la Gran Guerra Patria, Alexiévich dirige su mirada a la guerra de Afganistán, iniciada en 1979 con la invasión soviética del territorio de este país y finalizada una década más tarde con la retirada del Ejército Rojo. El tercer libro de la escritora recoge testimonios de los soldados que participaron en la guerra, de sus madres y las viudas, así como de las mujeres que se aventuraron al frente en busca de cambiar sus vidas. Bautizada como *Los muchachos de zinc* (1990/2022) —dado que los ataúdes que retornaban los cadáveres a la URSS se fabricaban con dicho material—, esta obra se publica por primera vez en 1990 en la revista literaria *Druzhba narodov*. En sintonía con la línea previamente establecida por la autora bielorrusa, *Los muchachos de zinc* irrumpe como una protesta contra la perspectiva masculina de la guerra y contra el discurso patriótico-militar.

Publicado en 1997 por la editorial Ostozhie, *Voces de Chernóbil* (1997/2016), el cuarto libro de la pentalogía, aborda el impacto del accidente nuclear en Chernóbil en la población soviética. Continuando con la línea trazada en sus primeras obras, la escritora emprende una tarea de entrevistar a testigos del accidente: aquellos que abandonaron la zona de Chernóbil y los que, por el contrario, decidieron permanecer en sus hogares pese a las advertencias. Acompañados por información fáctica sobre la explosión y sus repercusiones proporcionada por la autora, los testimonios compilados en este volumen introducen al lector en las profundidades de traumas y miedos. Mientras que algunas víctimas lamentan haber dejado sus viviendas, otros se califican a sí mismos como personas «rotas» debido a sus enfermedades incurables o a la incapacidad de formar una familia sana. La angustia y la falta de comprensión sobre lo sucedido constituyen el eje principal de la obra.

Como se puede observar, cada uno de los textos de Alexiévich posee un tema central sobre el que pivotan todos los testimonios ofrecidos al lector. En el caso de *La guerra no tiene rostro de mujer* y *Últimos testigos*, es la Gran Guerra Patria; en *Los muchachos de zinc*, la guerra afgano-soviética; y en *Voces de Chernóbil*, la catástrofe nuclear que conmocionó al mundo en 1986. El último libro del ciclo, *Vremja sekond hènd* (2013/2019) —que en España vio la luz bajo el título *El fin del «Homo sovieticus»*—, destaca en este aspecto, ya que, si bien se centra en el periodo siguiente a la instauración de la Federación Rusa en 1991, las voces de los testigos que surgen en sus páginas son más dispersas en comparación con las obras anteriores. Los personajes de *El fin del «Homo sovieticus»* muestran una actitud muy diferente ante la disolución de la Unión Soviética y presentan visiones opuestas sobre la historia del país que los mantuvo inmersos durante décadas en la realidad comunista y totalitaria. En esta «novela de voces», lanzada en 2013, la escritora bielorrusa destaca el resurgimiento de las ideas soviéticas y argumenta que estamos viviendo en una época de segunda mano.

Por último, falta agregar que Alexiévich nunca mantiene sus obras intactas tras la primera publicación. Cada edición —e incluso reedición— sufre modificaciones que, en algunos casos, son superfluas y, en otros, sustanciales. Desde 2006, mantiene una colaboración continua con la editorial Vremja: es su elección preferida para publicarse en ruso hasta el momento. Al acceder al sitio web de Vremja y consultar la extensa lista de autores que esta editorial moscovita respalda[31], observamos los retratos de destacadas figuras como Alexandr Solzhenitsyn y Andréi Sájarov, el reconocido activista soviético y ganador del Premio Nobel de la Paz en 1975.

4.2. EN LOS HILOS DEL PROCESO CREATIVO

4.2.1. La composición del coro polifónico subalterno

Llegados a este punto, cabe reflexionar sobre un aspecto compartido por todas las obras de la escritora: su atención al sujeto subalterno, quien en sus textos adquiere el derecho a expresarse (Spivak 1993/2013). Huelga señalar que a partir de la década de los sesenta en la URSS se observa un interés especial por la literatura testimonial, centrada en las personas previamente silenciadas: basta con recordar los escritos de Adamóvich o *Archipiélago Gulag*, de Solzhenitsyn (1973-1975/2016). En este contexto, Alexiévich continúa la tradición y vislumbra historias que «did not fit into the Soviet myth of a heroic past» (Lindbladh 2017: 284). Se enfrenta al régimen totalitario mediante la incorporación de la figura subalterna en el tejido histórico: desde las mujeres y los niños durante la Segunda Guerra Mundial hasta las víctimas —soldados, sus esposas y sus madres— de la guerra fallida entre la URSS y Afganistán, pasando por los habitantes de Chernóbil y los ciudadanos soviéticos emocionalmente rotos tras la caída del comunismo.

Según Vargas Llosa (2020: s. p.), Alexiévich construye la historia omitida. Conversa con (antiguos) soviéticos que provienen de distintas profesiones, experiencias y opiniones, las cuales, en determinadas ocasiones, no se alinean con los principios ideológicos de la propia autora. No obstante, sus aportaciones son esenciales para forjar una visión multilateral sobre la sociedad. «El tiempo de los héroes ha pasado: ahora todo el mundo se considera un héroe y tiene derecho a una historia. Es la rebelión de las masas»[32], sostiene la escritora (Alexiévich en Tolokolnikova 2016: s. p.). Además, manifiesta su preferencia por dialogar con los ciudadanos comunes (Alexiévich en Gordon 2016), aquellos que, sin su intervención, jamás formarían parte de la historia.

Sus voces emergen en las páginas de las narraciones de Alexiévich en forma de coros y monólogos, anónimos e identificados, con escasos comentarios de la autora o su total ausencia. Ninguna de estas voces predomina, y en conjunto evocan una composición musi-

---

[31] Véase http://books.vremya.ru/authors/.

[32] «Прошло время героев – теперь каждый себя считает героем и имеет право на историю. Это то самое восстание масс».

cal coral, una *manyvoicedness* (Brintlinger 2017: 199). En ciertas ocasiones, la periodista bielorrusa opta por modificar el nombre o incluso atribuir un fragmento a otro interlocutor, ya que, como defiende en una de sus entrevistas, «para la historia no resulta nada importante si lo dijo Anna Martynovna o Klara Semyonovna»[33] (Alexiévich en Bek 1996/2016: s. p.). En palabras de Oushakine (2016: 12), ella misma es una escritora subalterna, que colecciona «subaltern accounts of the traumas inflicted by empire». En su obra, transmite la sensación de estar leyendo testimonios orales y escuchando las voces de los testigos.

Para construir cada uno de sus libros, la autora mantiene conversaciones con entre quinientas y setecientas personas. En este contexto, conviene recordar que el comité del Premio Nobel califica los textos de Alexiévich como «polyphonic writings», un concepto que, sin duda, despierta asociaciones con la teoría de la novela polifónica de Mijaíl Bajtín (1929/2002), aplicada a la obra de Fiódor Dostoyevski. Así, según la concepción de Bajtín (1929/2022: 10), el novelista ruso decimonónico recurre a la polifonía, lo cual singulariza su proceso creativo: «Una pluralidad de voces y conciencias independientes y no fusionadas, una auténtica polifonía de voces plenamente válidas es la principal característica de las novelas de Dostoyevski»[34].

Desde la perspectiva bajtiniana, Dostoyevski no persigue desarrollar el carácter de sus personajes, sino más bien vislumbrar sus posiciones ideológicas —incluso contradictorias—, así como sus puntos de vista sobre el mundo en ese mismo instante. Al fin y al cabo, los convierte en sujetos en lugar de objetos creados a partir del discurso autoral (*ibid.*: 11). Cada uno de sus personajes defiende su propia verdad, y todas estas «verdades» se consideran válidas.

Esta teoría sobre la presencia de la construcción polifónica en la obra del clásico ruso puede extrapolarse igualmente a los escritos de Alexiévich. Así, los textos de ambos reflejan «diferentes voces que cantan sobre el mismo tema de manera diversa»[35] (*ibid.*: 53). No en vano, en reiteradas ocasiones nuestra autora ha destacado la influencia de Dostoyevski en la fabricación de sus «novelas de voces».

4.2.2. Reflexiones sobre el género literario

El interés por el proceso de creación de las obras de Alexiévich es tan grande que el texto principal de su sitio web oficial comienza con una explicación sobre el género literario de sus escritos: «I've been searching for a genre that would be most adequate to my vision of the world to convey how my ear hears and my eyes see life. […] [F]inally I chose a genre where human voices speak for themselves»[36]. Cabe destacar que la autora

---

[33] «для истории совершенно неважно, Анна Мартыновна это сказала или Клара Семеновна».

[34] «Множественность самостоятельных и неслиянных голосов и сознаний, подлинная полифония полноценных голосов действительно является основною особенностью романов Достоевского».

[35] «разные голоса, поющие различно на одну тему».

[36] Véase https://alexiévich.info/.

envuelve sus libros en cierto misterio al abstenerse de proporcionar detalles sobre qué constituyen exactamente las «novelas de voces» y cuál es su método de trabajo. No explica cómo selecciona el material, organiza las entrevistas o decide qué fragmentos incluir en los libros y en qué orden. Según la escritora bielorrusa, muchos la acusan de que su prosa es un documento y no literatura; sin embargo, ella está firmemente convencida de que hoy en día no existen fronteras entre la realidad y la ficción, una desemboca en la otra, y el contenido se configura mediante rupturas (Alexiévich 2015).

Sin duda, la gran mayoría de las investigaciones dedicadas al análisis de la narrativa de Alexiévich pretende dilucidar la naturaleza del género en el que escribe y proponer su posible denominación. Así, en numerosos artículos y trabajos académicos, surgen reflexiones y debates en torno a las siguientes cuestiones: hasta qué punto se puede usar la obra como una fuente histórica, cuál es el papel de la autora en su creación y dónde acaba el periodismo y comienza la literatura en sus textos, dónde se traza la línea entre ficción y no ficción.

«In her [Alexievich's] books she uses interviews to create a collage of a wide range of voices. With her "documentary novels", Svetlana Alexievich, who is a journalist, moves in the boundary between reporting and fiction»[37]: con estas palabras, que figuran en el sitio web oficial del Premio Nobel, la Academia Sueca define el género literario de la escritora galardonada. Como es posible observar, los redactores del fragmento otorgan especial protagonismo al componente documental de la obra. Dicho texto se ha convertido en una suerte de guía para investigadores que escriben sobre Alexiévich. La diferencia principal entre sus enfoques radica en la ubicación y la explicación precisa del límite entre el periodismo y la ficción en la narrativa elaborada por la autora.

Así pues, al consultar una serie de trabajos académicos, encontramos diversas propuestas de definición para los textos de Alexiévich: «documentary prose» (Baker 2020: 76; Brintlinger 2017: 197), «documentary novel» (Jones 2017: 234); «literary journalism» (Hartsock 2015: 37; Nurczynski 2020), «testimonial literature» (Lugarić Vukas 2014: 19), «testimonio ficcional» (González González 2018: 91), «reportaje literario polifónico» (Wachowska 2017: 119), «collective testimony» (Marchesini 2017), etc. Dentro de las publicaciones analizadas, algunas indican expresamente la postura de sus autores a favor de la dimensión ficcional de la obra creada por la escritora (véase González González 2018: 96-97; Lindbladh 2017: 286; Hniadzko 2018: 199). Al mismo tiempo, muchos estudiosos categorizan la prosa de Alexiévich como no ficción (Hartsock 2015: 37, 40; Szewczenko 2018: 249).

En la actualidad, existen numerosos estudios que se dedican a realizar un análisis comparativo pormenorizado de su narrativa para averiguar en qué medida reescribe los testimonios y cómo, en estas circunstancias, se puede denominar el género literario en el que trabaja[38]. En este sentido, Ackerman y Lemarchand (2009) critican fuertemente la

---

[37]   Véase https://www.nobelprize.org/prizes/literature/2015/alexievich/other-resources/.

[38]   La escritora se niega a difundir las grabaciones de las cintas, lo que deja solo la posibilidad de especular sobre el contenido de los originales.

forma en que la autora maneja las fuentes en el caso de *La guerra no tiene rostro de mujer*: consideran que ella distorsiona los testimonios con fines artísticos, reescribiéndolos para presentar en su prosa imágenes emocionalmente cargadas. Por lo tanto, sostienen que la obra de Alexiévich no pertenece al periodismo, sino a la literatura (*ibid.*: 34, 49).

Tras llevar a cabo una comparación entre *El fin del «Homo sovieticus»* y *Hechizados por la muerte*[39], Pinkham (2016) afirma que la escritora disminuye el valor histórico de su trabajo, ya que altera datos al modificar edades y nombres de personajes, así como al introducir cambios sustanciales en algunos relatos. A su vez, Myers (2017) realiza un examen parecido con dos ediciones de *Los muchachos de zinc*, publicadas en 1990 y 2016, respectivamente. Allí detecta «additions and deletions, as well as rewording and rephrasing; [a]nother common change involves moving a word or phrase from one place to another, or, less common, moving a monologue from one chapter to another» (*ibid.*: 334).

Al analizar cuatro versiones de *Últimos testigos*, Hniadzko (2018) identifica discrepancias similares a las mencionadas anteriormente: cambios en el contenido, modificaciones en nombres y edades, adición de párrafos, etc. Asimismo, se da cuenta de que los dialectalismos locales prácticamente no se emplean en la obra, es decir, la escritora neutraliza la forma de hablar de cada testigo a fin de adaptar su testimonio al lenguaje literario estándar (*ibid.*: 41, 196). Como resume esta investigadora, los relatos de Alexiévich son «fiction based on non-fictional events and to a certain degree on real oral histories» (*ibid.*: 207).

En busca de definir la naturaleza de los escritos de Alexiévich, Karpusheva (2017; 2020) lleva a cabo una exhaustiva lectura de varios volúmenes de *Voces de la Utopía*. Según sus hallazgos, la periodista bielorrusa emplea técnicas narrativas afines a reconocidos géneros literarios y musicales, folclore o ritos funerarios. Karpusheva (2020: 22) sugiere que «Svetlana Alexievich's prose is a work of literature rather than oral history or journalism».

Para concluir, cabe volver a destacar la compleja naturaleza del género literario de las «novelas de voces», creadas por Alexiévich. Nos encontramos ante una narrativa que se nutre del periodismo, de la indagación histórica y de la literatura, y que navega entre las fronteras de no ficción y ficción, o, en palabras de Jones (2017: 238), «creatively blurs the line between fiction and non-fiction». No obstante, la atribución precisa a un género se complica aún más al concebir lo problemáticos que son los conceptos de ficción y no ficción (véase el tercer capítulo). La historiografía crítica ha desdibujado las fronteras nítidas entre estas dos nociones y nos ha enseñado que la costura entre estas no resulta nada evidente, ya que se alimentan mutuamente.

Con ello, para evitar encasillarse en la peligrosa dicotomía ficción/no ficción, resulta muy oportuna la siguiente cita de Barthes (1984/1994: 75), quien anima a eludir todo tipo de clasificaciones:

---

[39] *El fin del «Homo sovieticus»* se basa parcialmente en *Začarovannye smert'ju* [*Hechizados por la muerte*], otra obra de Alexiévich que vio la luz en 1994 y, hoy en día, no se publica.

> [E]l Texto no se detiene en la (buena) literatura; no puede captarse en una jerarquía ni en base a una simple división en géneros. Por el contrario (o precisamente), lo que lo constituye es su fuerza de subversión respecto a las viejas clasificaciones. Si el Texto plantea problemas de clasificación [...], es porque implica siempre una determinada experiencia de los límites.

En la línea de la idea barthesiana sobre la relatividad de las etiquetas en el mundo de la literatura, evitaremos atribuir *Voces de la Utopía* a géneros literarios específicos. Sin embargo, también consideramos valioso continuar analizando los textos de Alexiévich a fin de esclarecer sus técnicas de trabajo, tanto en su faceta de periodista como en su rol de escritora. Con este objetivo, proponemos dirigir una mirada alternativa a sus textos y examinarlos en el contexto de la teoría de traducción.

4.3. *Voces de la Utopía* a partir de la mirada traductora

4.3.1. Traducciones de lo real: entre la autotraducción y la retraducción

En vista de la incesante polémica sobre la dialéctica ficción/no ficción en la narrativa de Alexiévich, queremos recordar las siguientes palabras de Brodzki (2007: 13): «By reading genre through the lens of translation, [...] all our methods of literary classification are subject to critical review and are reinvigorated as a result». En efecto, aplicar una lente traductora a los escritos de la Premio Nobel puede revelar toda una serie de nuevas interpretaciones de su ciclo polifónico. Además, abordar *Voces de la Utopía* desde la perspectiva traductológica ayuda a entender mejor las herramientas en las que la escritora se apoya a la hora de retratar el pasado traumático de la URSS, así como nos aproxima a la comprensión de sus principios éticos.

A saber, a la luz de las recientes teorías que abogan por un acercamiento episte-mológico entre la traductología y la historiografía crítica, la pentalogía representa una «traducción de lo real» (Vidal Claramonte 2018) por excelencia. Constituye uno de los múltiples intentos de traducir la historia soviética, oponer a la rígida traducción oficial una visión personal de los hechos, elaborada a partir de las historias polifónicas «desde abajo». En este aspecto —al igual que en la dificultad de definir el género literario en el que trabaja la autora galardonada—, sus textos guardan similitudes con *La noche de Tlatelolco: testimonios de la historia oral*, de Elena Poniatowska (1971/2017)[40], obra histórica analizada por Bielsa (2006) y Vidal Claramonte (2018: 60-63; 2019) desde una mirada traductológica[41].

---

[40]   Cabe destacar que los libros de Alexiévich a menudo se comparan con los de Poniatowska. Por ejemplo, en la edición española de *The New York Times* leemos lo siguiente: «Esas dos acciones —la de escuchar y la de escribir, después, a partir de las voces ajenas— la [se refiere a Poniatowska] acercan a Svetlana Alexiévich, la gran cronista de los coros trágicos» (Carrión 2018: s. p.).

[41]   A saber, en *La noche de Tlatelolco*, —una reescritura de la historia sobre la masacre estudiantil en la Ciudad de México en 1968—, Poniatowska «focuses on marginalized groups through a fusion of genres (basically, literature, oral history, and journalism)» (Vidal Claramonte 2019: 74). A través de relatos orales, esta

Ahora bien, es importante señalar que algunos estudiosos ya han reconocido la naturaleza traslativa de la narrativa de la Premio Nobel. Así, en el artículo, titulado «Svetlana Alexievich and the Polyphonic Translation Model of Literary Journalism», Nurczynski (2020: 85) se refiere a sus producciones literarias como «polyphonic "translations" of her sources' stories». Aunque su planteamiento resulta novedoso —dado que la mayoría de los trabajos académicos dedicados a la autora se encierra en empeños de clasificar su prosa—, consideramos que es posible ir más allá y dilucidar en cómo la escritora traduce los relatos y, con ello, propone su traducción de la historia soviética.

A nuestro juicio, en el caso de su obra, la noción de traducción se erige como un hilo conductor, que trasluce en diversos niveles del texto. Así pues, en los cinco libros de Alexiévich, nos encontramos ante un grupo de testigos de acontecimientos históricos, cuidadosamente seleccionados por ella. Las situaciones dramáticas que experimentaron estos individuos se tradujeron en ellos a una serie de recuerdos, sensaciones y emociones. Impulsados por la escritora bielorrusa, sus confidentes traducen lo recordado y lo sentido en aquel momento para testimoniar sus traumas. De este modo, en el acto de conceder entrevistas, dan forma a su versión del pasado, traducen la realidad vivida a la hora de verbalizarla y, como resultado, realizan una autotraducción (Baxter 2017: 222; Brodzki 2017; Wilson 2012).

Dicho proceso se orquesta por la autora, una traductora ejemplar que, una vez recopilados los datos, traduce los relatos orales al formato literario, media entre el pasado y el presente, para plasmar en su labor la dimensión temporal del proceso traslativo en la que insistía Marais (2019: 74). Al amparo de los estudios sobre la memoria, la periodista bielorrusa asume el papel de segundo testigo (Laub 1992b), cuya función se asemeja a la tarea de un traductor (Deane-Cox 2013, 2017; Violi 2014/2017). Después de la primera publicación, la escritora se enfrenta a la necesidad constante de retraducir[42] los textos debido a los cambios tanto en las metanarrativas que la rodean como en su propio *habitus*. Su herramienta principal de trabajo son las emociones: presenta la traducción de la historia soviética como una experiencia emocional, tanto de los testigos como la suya propia. No en vano, Karpusheva (2017: 260) ubica *Voces de la Utopía* en el marco del giro emocional.

Al sumergirse en lo narrado por los interlocutores de Alexiévich, el lector también se convierte en partícipe de esta experiencia emocional que, llena de mensajes conmovedores, afecta sus traducciones del pasado, lo insta a contemplar la historia desde un ángulo dramático y a traducir el pasado de una manera novedosa. Así, después de que los testimonios se trasladan del ámbito privado al público con la ayuda de la periodista

---

autora crea una especie de *collage*, que ofrece múltiples retratos de víctimas y vencedores que comparten sus perspectivas sobre lo sucedido. Su obra puede catalogarse como «crónica», un género híbrido, —a caballo entre periodismo y literatura—, ubicado en «the contact zone between high and low culture» (Bielsa 2006: xiv).

[42] Sobre el uso del concepto *retraducción* (*retranslation*) en los estudios de traducción, véase los trabajos de Deane-Cox (2014/2016) y Venuti (2004).

bielorrusa, el ciclo de traducciones se concluye en el lector, quien traduce los mensajes recibidos y, con ello, los devuelve del ámbito público al privado.

La autora confía en que hoy en día los escritores aún tienen el poder de influir en las masas (Alexiévich en Gordon 2016). A través de la emotividad extrema, propone cultivar la conciencia crítica en el lector, confeccionar un mensaje antibélico capaz de provocar náuseas en los militares (Alexiévich 1984/2016: 17). En definitiva, desde la perspectiva traductológica, notamos que el propósito de sus traducciones consiste en evitar que la historia se repita y remover los recuerdos traumáticos sobre el pasado para conmover al lector y generar movimiento en el original. De esta forma, Alexiévich busca garantizar la supervivencia de la memoria subalterna, aspira a que la traducción emocione, que contenga emociones y, al mismo tiempo, se transforme en una suerte de experiencias emocionales.

4.3.2. La traducción como una experiencia emocional

Tal como hemos anunciado previamente, la herramienta fundamental en la que Alexiévich estriba para traducir la historia soviética son las emociones entendidas en su sentido más amplio, como sentimientos, estados de ánimo e incluso sensaciones corporales. En las páginas de sus obras, pretende visualizar el pasado de la URSS como una alteración de intensas experiencias emocionales e incide en la naturaleza traumática de estas. A saber, la propia escritora subraya su fascinación por la dimensión afectiva de la historia: «I'm writing a history of human feelings. What people thought, understood and remembered during the event. What they believed in or mistrusted, what illusions, hopes and fears they experienced»[43].

En suma, colecciona testimonios sobre las sensaciones, sobre la forma en que los individuos han experimentado el pasado y le han dado sentido. En lugar de centrarse en los eventos, pone énfasis en la experiencia subjetiva de la historia y sus huellas a nivel corporal. En otras palabras, privilegia la experiencia humana sobre los hechos, trata de representar la emotividad inherente a cualquier experiencia. En este contexto, se considera a sí misma «historiadora del alma»[44] (Alexiévich 1984/2016: 15).

Su propuesta no solo radica en transmitir emociones del Otro, sino también en despertarlas mediante el poderoso recurso del lenguaje. Y, dada la naturaleza del lenguaje, las emociones descritas nunca serán equivalentes al mensaje original: se manipularán, se distorsionarán, se intensificarán o se debilitarán. Como defiende Alexiévich (en Rudenia 2019: 267), aspira a que el argumento arranque con un impulso psicológico. Por lo tanto, su propósito consiste en entrevistar al individuo mientras aún está conmovido por lo sucedido. En este aspecto, comparte similitudes con Dostoyevski, quien, según Bajtín (1929/2002: 72), ubica a sus personajes en un umbral, en un momento de crisis. De

---

[43] Véase https://alexievich.info/en/.

[44] «историк души».

manera análoga a la obra de este clásico ruso, en la historia afectiva de la Premio Nobel, «todos —el verdugo y la víctima— son iguales»[45] (Alexiévich en Bek 1996/2016: s. p.).

La autora busca propiciar la circulación de las emociones, en consonancia con los postulados del giro emocional, propuestos por Sara Ahmed (2004/2014). En su prosa, apuesta por lo afectivo porque resulta «imposible acercarnos a la realidad de lleno, cara a cara. Entre la realidad y nosotros se encuentran nuestros sentimientos»[46] (Alexiévich 1984/2016: 15). Y son estos sentimientos los que posibilitan traducir la realidad, «los sufrimientos […] son una forma de transmitir información»[47] (Alexiévich en Tolokolnikova 2016: s. p.).

Así, intenta que los testimonios recopilados permitan revivir una experiencia, hagan sentir lo que sintió el Otro: en eso se escenifica la traducción del pasado llevada a cabo por Alexiévich. En resumen, recodifica lo emocional, que permea el tejido de todos sus escritos, con el objetivo de traducir los horrores de la historia. Como resultado, *Voces de la Utopía* se plasma como un denso compendio de experiencias emocionales, ya que la escritora no concede descanso al lector: lo traslada de forma constante de una imagen lacerante a otra.

Sus traducciones del pasado contrastan con lo que ella misma designa como *dry history*[48], es decir, la traducción fáctica de los hechos, con la que nos encontramos con frecuencia en los manuales de historia o los programas documentales de televisión[49]. En estas circunstancias, la traducción de la historia soviética acometida por la Premio Nobel puede conceptualizarse como una traducción emocional. Esto se hace patente en dos aspectos: por un lado, la autora incide en la presentación de la experiencia emocional como la exposición más efectiva del pasado y, por otro, trata de evocar emociones en el lector. Su historia emocional de la URSS se teje con hilos traumáticos. No obstante, al igual que sucede con la dimensión afectiva de las narraciones adscritas a la *dry history*, la obra de Alexiévich no se restringe a las descripciones de traumas y afectos. Los testimonios recabados incluyen datos, fechas, nombres, etc., ya que sin estos elementos habría resultado imposible construir un discurso histórico.

Asimismo, cabe incidir en la naturaleza experiencial de su traducción emocional traumática. En este sentido, huelga recordar el concepto de *translationality*, que se sustenta en la noción de experiencia como una conexión que vincula a las personas con sensaciones, objetos y momentos en el tiempo (véase Blumczynski 2023a: 41), una continua emergencia de todo a través de interacciones performativas (véase Robinson 2017: x). Bajo este prisma, los interlocutores de Alexiévich traducen la historia en función de sus experiencias, interpretan sus emociones a partir de lo vivido. La escritora

---

[45]   «все —и палач, и жертва— равны».

[46]   «Невозможно приблизиться к реальности вплотную, лоб в лоб. Между реальностью и нами — наши чувства».

[47]   «страдания – это […] форма передачи информации».

[48]   Véase https://alexievich.info/en/.

[49]   Sin embargo, urge precisar que, a pesar de la aparente rigidez racional, estas narrativas siempre aglutinan ciertos toques emocionales.

se respalda en estas traducciones experienciales para elaborar su versión del pasado, imbuida y condicionada por su propia vivencia. En última instancia, la lectura del texto resultante también irrumpe como una experiencia emocional interpretativa por parte del lector y, con ello, una nueva traducción del pasado. En definitiva, en la obra de Alexiévich nos hallamos ante una cadena de traducciones que comienza en un testigo y su traducción de la experiencia emocional, y culmina en un lector que, tras llevar a cabo un ejercicio traslativo del testimonio y asimilar lo experimentado por el Otro, termina convirtiéndose en un testigo conmovido por el relato.

Llegados a este punto, se hace imprescindible señalar cuatro principales vehículos expresivos de lo emocional a los que Alexiévich recurre con mayor o menor frecuencia en todas sus obras. A saber, después de aproximarnos a su narrativa, hemos identificado las siguientes estrategias para traducir la experiencia emocional: 1) plasmar la oralidad en la escritura; 2) prestar especial atención a los testimonios sobre el trauma y los episodios traumáticos; 3) poner énfasis en las percepciones sensoriales; y 4) hacer hincapié en la carga afectiva de los objetos.

En lo que atañe a la oralidad, la escritora se esfuerza por reconstruir el discurso oral con miras a obtener el efecto de una comunicación real, un contacto emocional con el interlocutor, tal como lo experimentó durante la entrevista. Mediante el uso de expresiones orales, aboga por la cercanía entre el testigo y el lector, quien, de manera metafórica, acaba compartiendo el mismo espacio que Alexiévich y su confidente, y se hace partícipe de testimonios lacerantes. La oralidad materializada en la escritura revela cómo los recuerdos traumáticos, difíciles de exteriorizar, pueden convertirse en una narración literaria (véase Batchelor 2015: 196). Hron (2009: 48-49) lo designa como *rhetorics of pain*.

Otro recurso en el que se apoya la periodista bielorrusa para recrear la historia como una traducción de experiencias emocionales son las manifestaciones traumáticas. Más allá de que en la propia rememoración del trauma reside su traducción (véase Brodzki y Demaria 2017; McKenzie 2021; Nguyen 2021), su representación ayuda a traducir detalles sobre las atrocidades vividas. El propósito de Alexiévich consiste en testificar la profunda transformación que el trauma provoca en la persona, quien se vuelve incapaz de percibir ciertos olores o relatar todo el sufrimiento que experimenta en su día a día. Las pesadillas y las imágenes desgarradoras que acosan a la víctima se instalan en las páginas de *Voces de la Utopía* con el fin de generar en el lector una experiencia emocional intensa.

Asimismo, los elementos sensoriales evocan en los escritos de la Premio Nobel estímulos emocionales. Permiten apreciar el mundo complejo y desconocido mediante los sentidos, ya que traducimos a través de estos (Campbell y Vidal 2019a). En primer lugar, en el cuerpo del testigo se produce una traducción de lo percibido en su entorno —olores, sonidos, etc.— a una sensación. En segundo lugar, el testigo traduce lo no verbal a lo verbal para que Alexiévich luego traduzca estas percepciones sensoriales al formato literario. Y, finalmente, al traducir la descripción de estas sensaciones a su propio cuerpo, el lector consigue percibirlas también y así revivir un episodio del pasado.

De este modo, la escritora implementa la propuesta lanzada por Marais (2019: 146): constituir los cinco sentidos como categorías fundamentales para el análisis traductológico. En definitiva, experimentar las percepciones sensoriales del Otro nos brinda un crecimiento personal, nos permite comprender su cultura (Campbell y Vidal 2019a: xxiv) y, por ende, nos acerca a su pasado. A este tenor, cabe recordar la teoría de Pernau y Rajamani (2016) sobre *emotional translation*, que consiste en la interpretación corporal de la realidad material mediante las sensaciones.

En suma, Alexiévich se fija en episodios traumáticos, complejos de verbalizar y explicar, así que opta por describir lo indecible a través de lo emocional y, como consecuencia, provocar emociones, conmover al lector y convertirlo en segundo testigo. Dada la naturaleza multidimensional de los recuerdos, estos albergan una variedad de sensaciones que la autora intenta recuperar en sus entrevistas. Gracias a la performatividad de la experiencia, logra su objetivo principal: emocionar al lector.

Por último, los objetos cotidianos emergen en *Voces de la Utopía* como portadores de las huellas del pasado —de experiencias sensoriales y emocionales—, depositarios de valores afectivos, que entrelazan la memoria y la traducción (Simon en Simon y Polezzi 2022). Alexiévich induce al testigo a establecer un contacto metafórico con estos: así se activan sus recuerdos emocionales y se inicia el proceso traslativo. Al poseer una dimensión emocional, lo material opera como un dispositivo para expresar lo inefable. En resumen, los objetos median lo afectivo: a través de ellos se traducen emociones y se cuentan historias silenciadas y dolorosas.

En el movimiento emocional de lo material, presente en la obra, subyace la traducción, ya que traducir implica desplazar cosas significativas de un lugar a otro, según nos enseña Blumczynski (2023a: 2). Sin duda, prestar atención a las pertenencias de los entrevistados en el ciclo de Alexiévich puede contribuir a entender mejor todo el proceso traslativo en la obra, como recalcan varios traductólogos que estudian la conexión entre objetos y traducción (véase Beattie, Bertacco y Soldat-Jaffe 2023; Blumczynski 2023a; Ciribuco y O'Connor 2022; Goldfajn 2023a; Vidal Claramonte 2024).

4.4. LAS HERRAMIENTAS DE LA TRADUCCIÓN EMOCIONAL

A la luz de lo argumentado, queda patente que la traducción se manifiesta en la obra de Alexiévich como una experiencia emocional, que se desarrolla en un continuo fluir de emociones, traumas, percepciones y objetos de alto valor afectivo. Asimismo, la autora sumerge al lector en esta experiencia gracias al efecto estético de la comunicación oral. En la presente sección, examinaremos cómo la escritora lleva a cabo esta traducción emocional a partir de los ejemplos extraídos de la pentalogía. Para ello, analizaremos los cinco libros que integran el ciclo *Voces de la Utopía* desde una óptica traductora, al tiempo que cotejaremos la primera y la última edición de *La guerra no tiene rostro de mujer* (1984/1985 y 1984/2016) y *Últimos testigos* (1985 y 1985/2016) a fin de detectar la variación de la perspectiva emocional entre una traducción y la otra.

4.4.1. Los rasgos de la expresión oral

Con el objetivo de crear una impresión de la presencia del testigo, Alexiévich emplea una variedad de recursos léxicos y sintácticos que reproducen efectos de oralidad. De esta manera, traduce su propia experiencia de escucha y evoca en el receptor de los testimonios una sensación de ser partícipe del atestiguamiento directo. Con ello, lo convierte en un segundo testigo (Deane-Cox 2013, 2017; Laub 1992b), que comparte las emociones y las angustias incardinadas en la autotraducción de los informantes (Baxter 2017; Wilson 2012). A través de una retórica del dolor (Hron 2009), materializada en la representación de monólogos orales, esta autotraducción traumática se traslada al dominio público (Radstone y Hodgkin 2003: 59) y ocupa su lugar en la posmemoria (Hirsch 1997/2002) colectiva. A continuación, ejemplificaremos algunas de las estrategias lingüísticas que nuestra autora utiliza para transmitir una impresión de oralidad en textos escritos.

A saber, en numerosas ocasiones, Alexiévich recurre a la técnica de la digresión al interrumpir el hilo del discurso de sus testigos. En términos generales, la aplicación de esta figura literaria se plasma a través de los comentarios de la escritora, quien agrega detalles al monólogo para permitir al lector visualizar con mayor exactitud la situación de la entrevista. Así, uno de los personajes de *El fin del «Homo sovieticus»* confiesa lo siguiente: «Hace mucho tiempo que soy viejo. Mi gata y yo pasamos el rato al lado de la ventana. (*La gata reposa en su regazo. La acaricia.*) Encendemos la tele…»[50] (Alexiévich 2013/2019: 172).

Sin embargo, no siempre el entrevistado continúa desarrollando su testimonio. A menudo, el comentario entre paréntesis de Alexiévich surge inmediatamente después de un relato sobre un recuerdo traumático. Y es el propio testigo quien decide cambiar el tema: «Hubo muchos refugiados: se desplazaban en coches, en tractores, a pie. (*Calla.*) ¿Qué le parece si cambiamos de tema? Podemos hablar de cine, por ejemplo…»[51] (*ibid.*: 249). Por último, es relevante señalar que la estrategia de digresión no solo traduce el sufrimiento de algunos testigos, sino que también genera la sensación de la presencia tanto del entrevistado como de su entrevistadora y, por ende, del lector. Se logra crear una impresión de un monólogo transformado en diálogo, a pesar de que la periodista nunca responde a las preguntas y las afirmaciones dirigidas hacia ella.

Con miras a emular manifestaciones orales, Alexiévich se vale de la repetición enfática tanto a nivel léxico como oracional: «El fuego ardía en cada ventana… Tan radiante… Tan… Tan fuerte, hasta el mismísimo cielo…»[52] (Alexiévich 1985/2016: 35). A tal efecto, huelga agregar que la escritora se respalda en este recurso expresivo con mayor frecuencia en las retraducciones de sus dos primeros libros. Así, podemos comparar dos

---

[50]   «Я давно старый. Сидим с кошкой у окна. (*Кошка на коленях. Гладит.*) Телевизор включим…».

[51]   «Беженцев было много: кто на машинах, кто на тракторе, кто пешком. (*Молчит.*) Давайте о чем-нибудь другом поговорим? Например, о кино…».

[52]   «Пламя бушевало в каждом окне. Так ярко… Так… Так сильно, до самого неба…».

versiones del mismo fragmento de *La guerra no tiene rostro de mujer*: «El bombardeo. Todo el mundo se ha tirado a un barranco»[53] (Alexiévich 1984/1985: 106) y «El bombardeo. Bombardean y bombardean, bombardean y bombardean, y bombardean. Todo el mundo se ha echado a correr…»[54] (Alexiévich 1984/2016: 88). En el segundo extracto, la intensidad de la imagen se incrementa debido a la repetición del verbo *bombardear*: se evoca una sensación de estar bajo bombardeo.

Para resaltar la intensidad de una descripción o de una situación, Alexiévich se sirve de frases nominales, como «Unas llamas altas. Hollín. Un calor terrible»[55] (Alexiévich 1997/2016: 11). Asimismo, con un propósito semejante, opta por oraciones fragmentadas: «Incluso ahora hablo en susurros… Sobre… Esto… En susurros. Más de cuarenta años después…»[56] (Alexiévich 1984/2016: 312).

Tanto las frases nominales como las oraciones fragmentadas dotan el texto de pausas y simulan un discurso oral de una persona fuertemente conmovida por los eventos relatados. Cabe precisar que Alexiévich emplea este mecanismo con mayor frecuencia en los textos retraducidos. A saber, véase el siguiente fragmento extraído de *La guerra no tiene rostro de mujer*: «Miro a los soldados: hace un momento me han animado, me han aclamado, me lo han pedido»[57] (Alexiévich 1984/1985: 69) y «Miro a los soldados: hace un momento me han animado, me han aclamado. Me lo han pedido. Hace nada… Hace unos minutos…»[58] (Alexiévich 1984/2016: 47).

La conmoción a la hora de testimoniar también se hace evidente mediante oraciones inconexas (véase Stoicea 2006: 49). Al generar un efecto de balbuceo en la escritura, la autora busca traducir el dolor inefable, aquel que no se deja expresar. Así, una testigo de Chernóbil, afectada por la radiación, lamenta la muerte de su hija al nacer: «Yo la maté… Yo… ella… me salvó… Mi niña me salvó, recibió todo el impacto radiactivo»[59] (Alexiévich 1997/2016: 26).

Alexiévich emplea signos de puntuación específicos para incrementar la tensión en el lector y replicar características del discurso oral. Las principales herramientas a las que recurre la escritora son las exclamaciones y los puntos suspensivos: «Teníamos otro enemigo: ¡los piojos! ¡Enormes, medianos y pequeños! ¡Negros! ¡Grises!»[60] (Alexiévich 1985/2016: 61); o «Hablo de ella… Y me siento mejor. Es como si ella estuviese aquí…

---

[53]   «Бомбежка. Все бросились в овраг».

[54]   «Бомбежка… Бомбит и бомбит, бомбит и бомбит, и бомбит. Все бросились куда-то бежать…».

[55]   «Высокое пламя. Копоть. Жар страшный».

[56]   «Я и сейчас говорю шепотом… Про…Это… Шепотом. Через сорок с лишним лет…».

[57]   «Смотрю на солдат, они же вот только меня подзадоривали, кричали, просили».

[58]   «Смотрю на солдат, они же вот только меня подзадоривали, кричали. Просили. Вот только… Несколько минут назад…».

[59]   «Я ее убила… Я… она… спасла… Моя девочка меня спасла, она приняла весь радиоудар на себя».

[60]   «И был у нас еще один враг – вши! Огромные, средние, маленькие! Черные! Серые!».

Ya la enterraré mañana…»[61] (Alexiévich 1990/2022: 202). De este modo, impregna los enunciados con matices emocionales y brinda al lector la posibilidad de «escuchar» metafóricamente las autotraducciones de los testigos.

Al igual que las oraciones exclamativas, las interrogativas irrumpen a menudo en las páginas de *Voces de la Utopía*. A este respecto, cabe destacar las preguntas retóricas que reflejan un sentimiento de desesperación, tal como sucede con el interrogante «¿Acaso existe algo más temeroso que el ser humano?»[62] (Alexiévich 1997/2016: 74). Alexiévich presenta una suerte de diálogos internos que los testigos sostienen consigo mismos: «¿Recordar? Quiero y no quiero recordar…»[63] (*ibid.*: 119). A su vez, algunas preguntas se dirigen directamente a la escritora como segunda testigo (Deane-Cox 2013, 2017; Laub 1992b) y, con ello, involucran al lector: «¿Lo entiendes? ¿Se puede entender ahora? Quiero que entiendas mis sentimientos…»[64] (Alexiévich 1984/2016: 131).

De forma análoga, los mensajes de los interlocutores orientados a su entrevistadora también se transmiten de cierta manera al lector. La implementación de esta estrategia narrativa crea la impresión de entablar una conversación directa con el testigo, lo que potencia las emociones en la audiencia: «Gracias… Gracias por no tenerme miedo. Usted no aparta la mirada, como hacen los demás. Me escucha»[65] (Alexiévich 2013/2019: 259).

4.4.2. La representación del trauma

La memoria traumática constituye uno de los hilos conductores que vertebra la obra de la Premio Nobel y presenta la traducción emocional del pasado soviético, que convierte los recuerdos ocultos en historias visibles y, con ello, salva la memoria del olvido (Brodzki 2007). Al rememorar su experiencia lacerante, los testigos buscan traducir el dolor de lo inefable, de lo que resiste a la verbalización (Pestre y Benslama 2011; Pillen 2016). De este modo, trabajan con el trauma (Hron 2009: 40; Stoicea 2006: 46), establecen conexiones entre su «yo» del pasado y su «yo» del presente, y traducen la memoria traumática a la memoria narrativa (LaCapra 2001/2014; McKenzie 2021).

A continuación, con apoyo en fragmentos de la pentalogía, estudiaremos el enfoque de Alexiévich hacia las experiencias traumáticas y los recursos que utiliza a la hora de traducirlas para emocionar al lector. Asimismo, es importante poner de relieve que, en las ediciones reelaboradas de sus primeros dos libros, el predominio del discurso traumático es más acentuado. Lo ejemplificaremos con algunos casos extraídos de *Últimos testigos*.

En todas las obras de la escritora, se encuentran numerosos ejemplos que ilustran la enorme dificultad de traducir los recuerdos condicionados por el trauma. A tal efecto, un

---

[61] «Говорю о ней… И мне легче. Как будто она тут… Я завтра ее хоронить буду…».

[62] «Разве есть что-нибудь страшнее человека?».

[63] «Вспоминать? Я хочу и не хочу вспоминать…».

[64] «Тебе это понятно? Это можно понять сейчас? Я хочу, чтобы ты мои чувства поняла…».

[65] «Спасибо… Спасибо, что вы не боитесь меня. Не отводите глаз, как другие. Слушаете».

personaje de *Voces de Chernóbil* incluso llega a reconocer que se convirtió en fotógrafo porque no se veía capaz de verbalizar lo que sentía: «¿Por qué empecé a fotografiar? Porque no tenía suficientes palabras…»[66] (Alexiévich 1997/2016: 243).

Muchos confidentes de Alexiévich admiten la naturaleza inefable de algunos episodios vividos en la guerra: «Clavan las bayonetas en las bocas, en los ojos… En el corazón, en la barriga… Y eso… ¿Cómo describirlo? No consigo… No consigo describirlo…»[67] (Alexiévich 1984/2016: 94). Después de no encontrar palabras adecuadas, una veterana elige describir sus sensaciones físicas:

> A ver, entiendo lo que me pregunta usted, pero mi lenguaje no alcanza… Mi lenguaje… ¿Cómo describirlo…? Hace falta… Que… El espasmo ahogue, como me ahoga a mí: de noche estoy tumbada en silencio y de repente me acuerdo. Me ahogo. Empiezo a tener escalofríos. Así es…[68] (*ibid.*: 227).

Diversos testigos experimentan miedo al rememorar y al compartir sus vivencias lacerantes: «Me da miedo empezar a contar… Las sombras volverán a echarse encima de mí…»[69] (Alexiévich 1990/2022: 40). La tarea de traducir el trauma supone un desafío a nivel físico y sensorial, puesto que hablar del dolor conlleva revivir lo ocurrido (Laub 1992b: 67; Merridale 2010: 379). Asimismo, este ejercicio traslativo emerge como un acto íntimo, ya que los testigos permiten que la escritora y los lectores entren en su mundo marcado por la memoria desgarradora: «Por un lado, tengo el deseo de abrirme, de soltarlo todo, pero, por otro, siento cómo me desnudo, y esto no es algo que me gustaría»[70] (Alexiévich 1997/2016: 43). Invitados a presenciar estas dolorosas autotraducciones, los receptores de los testimonios obtienen acceso a algo oculto, escondido, un secreto del ser humano.

A la vez, los entrevistados resaltan el carácter recurrente y repetitivo de los recuerdos, lo cual denota su índole traumática: «A veces tengo la sensación de vivir mucho, mucho tiempo, aunque los recuerdos son los mismos. Me los he aprendido de memoria»[71] (Alexiévich 1990/2022: 219). Esta persistencia de la memoria lacerante provoca que los testigos se vean afectados física o emocionalmente: «Resulta evidente que estoy enferma… enferma… ¿Por qué no olvido nada?»[72] (Alexiévich 2013/2019: 252).

---

[66] «Почему я стал фотографировать? Потому что мне не хватало слов…».

[67] «Бьют штыком в рот, в глаз… В сердце, в живот… И это… Как описать? Я слаба… Слаба описать…».

[68] «Нет, я понимаю, о чем вы спрашиваете, но мне не хватает моего языка… Мой язык… Как описать? Надо… Чтобы… Душил спазм, как он душит меня: ночью лежу в тишине и вдруг вспомню. Задыхаюсь. В ознобе. Вот так…».

[69] «Боюсь начинать рассказывать…Опять навалятся эти тени…».

[70] «С одной стороны, есть желание открыться, выговориться, а с другой, — чувствую, как я обнажаюсь, а мне бы этого не хотелось».

[71] «Иногда мне кажется, что я живу долго-долго, хотя воспоминания одни и те же. Я их наизусть выучила».

[72] «Я, конечно, больна… больна… Почему я ничего не забываю?».

En *El fin del «Homo sovieticus»*, se hallan múltiples ejemplos que ilustran cómo el trauma evoca síntomas somatosensoriales, surge como una experiencia traslativa sentida (Robinson 1991, 2017: ix-x). La descripción de aquellas percepciones sensoriales facilita la traducción del dolor (Hron 2009). Así, al visitar los lugares donde transcurrió su infancia marcada por experiencias dolorosas, los recuerdos de una testigo se desencadenan y se traducen en sensaciones físicas desagradables: «No conseguí conciliar el sueño por la noche, porque me ahogaba. Espasmos… la sensación de que alguien me estaba ahogando…»[73] (Alexiévich 2013/2019: 240).

Ahora bien, se observan diferencias en cuanto al tratamiento de episodios traumáticos entre la primera y la última versión del segundo libro de Alexiévich. Así, en las páginas de la edición más reciente de *Últimos testigos*, se encuentran las siguientes reflexiones sobre el trauma, ausentes en el texto publicado en 1985: «Después de la guerra llegaron las enfermedades. Todos, absolutamente todos los niños enfermaban»[74] (Alexiévich 1985/2016: 128); «[A]quellos que eran niños durante la guerra a menudo tienen una vida más corta que sus padres, quienes lucharon en el frente»[75] (*ibid.*: 95). Estos pasajes, omitidos en la primera edición de la obra, revelan que los testigos se dan cuenta del impacto duradero de las experiencias traumáticas que vivieron.

Muchos informantes de Alexiévich denuncian la incapacidad de liberarse de la memoria nociva, que los mantiene atrapados entre dos mundos: el de su trauma y el presente. «Tengo una familia muy unida. Buena. Hijos, nietos… Pero vivo en la guerra, todo el tiempo estoy allí…»[76], expresa su pesar una veterana de la Gran Guerra Patria casi cuarenta años después de la conclusión del conflicto (Alexiévich 1984/2016: 114). El trauma provoca que la identidad de algunos testigos se duplique, se transforme en un «yo» previo a la tragedia y un «yo» posterior a la misma (Pillen 2016: 98), que se ven envueltos en un continuo proceso de traducción.

Varios entrevistados observan sus recuerdos del episodio traumático como si fueran ajenos a ellos, como si se tratara del Otro: «Ha pasado el tiempo, todo se ha convertido en un recuerdo. De nuevo soy como una espectadora…»[77] (Alexiévich 1997/2016: 200). En ciertos testimonios, por el contrario, el Otro —que ya no existe— representa a la figura de la víctima con anterioridad al acontecimiento lacerante, tal como ocurre en el caso de un soldado que participó en combates en Afganistán: «Cuando regresé… No fui capaz de ponerme mis vaqueros y camisas que usaba antes de la guerra, era la ropa de una persona ajena y desconocida»[78] (Alexiévich 1990/2022: 59).

---

[73] «Ночью не спала, потому что задыхалась. Спазм… такое чувство, что кто-то меня душит…».

[74] «После войны начались болезни. Болели все, все дети».

[75] «[Т]е, кто был в войну ребенком, часто умирают раньше своих отцов, которые воевали на фронте».

[76] «У меня дружная семья. Хорошая. Дети, внуки… Но я живу на войне, я все время там…».

[77] «Прошло время, все стало воспоминанием. Я опять как будто зритель…».

[78] «Я, когда вернулся… Я свои довоенные джинсы и рубашки не смог носить, это была одежда чужого, незнакомого мне человека».

La percepción de habitar un espacio híbrido y observar de manera inerte la propia existencia se revela en los sueños de muchos testigos. Así lo explica un exmilitar que combatió en Afganistán: «Me despierto por la noche y no logro entender: ¿estoy aquí o allí? Aquí vivo como un observador ajeno… Tengo una mujer, un hijo. Doy un abrazo y no siento nada»[79] (*ibid.*: 195). Por otra parte, los sueños conforman lugares idóneos para que aquellas personas que se vieron forzadas a abandonar su hogar puedan regresar allí, aunque solo sea de forma metafórica. Una antigua habitante de Chernóbil, evacuada de la zona contaminada, comparte su relato: «Me despierto… No quiero levantarme. Aún estoy allí. A veces estoy aquí, a veces allí»[80] (Alexiévich 1997/2016: 55).

Numerosas propuestas teóricas respaldan la idea de que en las memorias traumáticas suele manifestarse la dimensión sensorial del suceso (véase Van der Kolk y Fisler 1995: 513). Por lo tanto, no resulta sorprendente que determinados aromas, sonidos o colores tengan el potencial traductor de evocar recuerdos dolorosos en un individuo. Varios personajes de la pentalogía destacan que ciertos sonidos los exponen a recuerdos angustiantes: «Cuando suena el teléfono, las gotas de sudor me brotan en la frente: ¡nos están disparando!»[81] (Alexiévich 1990/2022: 40). El contacto con determinados objetos también tiene el poder de reactivar la memoria traumática. En *La guerra no tiene rostro de mujer*, una de las entrevistadas narra lo siguiente: «Me sentaron en la silla eléctrica… Desde entonces, todo lo relacionado con la electricidad me causa malestar. […] Ni siquiera puedo planchar»[82] (Alexiévich 1984/2016: 305).

En el caso de *Últimos testigos*, el efecto traumático desencadenado por ciertas percepciones sensoriales se agudiza en la versión más reciente del texto. A saber, podemos contrastar dos variantes del mismo fragmento: «[E]l olor a las tablas recién lijadas llenaba cada patio, porque casi en cada patio había un ataúd. Durante mucho tiempo, ese olor me provocaba náuseas»[83] (Alexiévich 1985: 139-140) y «[E]l olor a las tablas recién lijadas llenaba cada patio, porque casi en cada patio había un ataúd. Al notar ese olor, todavía siento un nudo en la garganta. Hasta hoy en día…»[84] (Alexiévich, 1985/2016: 234). Como observamos, en comparación con la primera traducción, la retraducción se intensifica: se especifica que este testigo continúa siendo víctima de su experiencia traumática, ya que no puede tolerar un olor que le evoca recuerdos de la guerra.

---

[79]   «Ночью проснусь и не могу сообразить: здесь я или там? Здесь я живу сторонним наблюдателем... У меня есть жена, ребенок. Обнимаю – ничего не чувствую».

[80]   «Просыпаюсь... Не хочу вставать. Я еще там. Я то здесь, то там».

[81]   «Затрещит телефон, и у меня испарина на лбу – стреляют!».

[82]   «Они посадили меня на электрический стул... Я с тех пор очень плохо переношу электричество. [...] И теперь даже белье гладить не могу».

[83]   «[З]апах свежевыструганных досок стоял в каждом дворе, потому что почти в каждом дворе стоял гроб. Меня от этого запаха потом долго тошнило».

[84]   «[З]апах свежевыструганных досок стоял в каждом дворе, потому что почти в каждом дворе был гроб. У меня от этого запаха до сих пор ком к горлу поднимается. До сего дня...».

Además, el trauma altera la personalidad (Antze 2003; Pillen 2016: 98) de algunos confidentes de Alexiévich de manera significativa. Así, muchos testigos traducen la incompatibilidad entre su estado y el entorno exterior después de la experiencia traumática: «Estaba entero por fuera, pero ardía por dentro. Todo me irritaba: un sol radiante me irritaba, una canción alegre me irritaba, la risa me irritaba»[85] (Alexiévich 1990/2022: 173). Falta precisar que la atención a los cambios de personalidad derivados de experiencias traumáticas se percibe con mayor claridad en la reciente edición de *Últimos testigos* en contraste con la primera. A saber, el ejemplo que presentamos a continuación solo figura en la versión de 2016: «Crecí lúgubre y desconfiado, tengo un carácter complicado. Si alguien llora, no me da pena; por el contrario, me siento aliviado, ya que yo mismo no sé llorar»[86] (Alexiévich 1985/2016: 213).

El trauma de la guerra también ha dejado una profunda huella en la manera en que algunas veteranas abordan la maternidad, según sus propios relatos (Alexiévich 1984/2016: 34, 274). En *Últimos testigos*, una interlocutora comparte con Alexiévich un recuerdo aterrador y traumático que marcó su vida. De pequeña, presenció el brutal asesinato de sus familiares perpetrado por un grupo de nazis. Poco después, se vio obligada a cavar las tumbas de sus seres queridos con una sonrisa en el rostro, bajo la amenaza de muerte. Este trágico episodio fue el origen de su temor hacia el género masculino que se tradujo en las siguientes afirmaciones en función de cada edición: «Toda la vida vivo sola… No me casé»[87] (Alexiévich 1985: 142) y «No me casé. No conocí el amor. Tenía miedo: y si daba a luz a un niño…»[88] (Alexiévich 1985/2016: 241). Como se puede apreciar en este ejemplo, el comentario publicado en la versión más reciente del testimonio se presenta de manera más emotiva y conmovedora. En la redacción original, las palabras de la testigo, traducidas por Alexiévich, describen su soledad sin profundizar en los sentimientos. Mientras tanto, en la última modificación del fragmento, la testigo aborda el tema del amor y del embarazo que nunca experimentó por culpa del trauma infantil.

Los personajes de Alexiévich viven de forma constante la resurgencia de sus recuerdos traumáticos a través de alucinaciones y pesadillas, manifestaciones del trauma (véase Caruth 1995b: 4; LaCapra 2001/2014: 142-143; Violi 2014/2017: 45). Así, diversas madres perciben la presencia de sus hijos fallecidos e incluso llegan a entablar conversaciones con ellos (Alexiévich 1990/2022: 202; 2013/2019: 158-159). En cuanto a los testigos de la Segunda Guerra Mundial, muchos admiten que a lo largo de toda su vida los asedian pesadillas (Alexiévich 1984/2016: 69; 1985/2016: 278).

---

[85]   «Сверху целенький, а внутри горит. Все мне плохо: яркое солнце — плохо, веселая песня — плохо, чей-то смех — плохо».

[86]   «Я вырос мрачным и недоверчивым, у меня тяжелый характер. Когда кто-то плачет, мне не жалко, а, наоборот, легче, потому что сам я плакать не умею».

[87]   «Всю жизнь одна живу… Замуж не вышла…».

[88]   «Замуж не вышла. Любви не узнала. Боялась: а вдруг рожу мальчика…».

Cabe agregar que Alexiévich recurre a la herramienta de los sueños no solo para agudizar el sufrimiento y las sensaciones físicas incómodas, causadas por el trauma, sino también para elevar el nivel de tensión en todo el testimonio. La escritora enriquece la narrativa con imágenes desagradables e inquietantes que —aunque no sean eventos reales y a veces contengan elementos fantásticos—, ayudan a traducir con precisión el estado de las víctimas de experiencias traumáticas, ya que los sueños constituyen un acto de traducción (Brodzki 2007: 4). Mediante pesadillas estremecedoras, el lector adquiere la capacidad de experimentar la angustia y el horror de lo vivido.

Además de las descripciones detalladas de las pesadillas, la escritora se apoya en la representación de imágenes espeluznantes que, como fotogramas de películas de terror, impactan al lector y lo sumergen en un universo repleto de horrores inefables. Muchas de estas imágenes evocan escenarios apocalípticos: «En la primavera, en los campos de patatas […] asoman los huesos. Nadie siente repulsión, porque todos se han acostumbrado a que esta tierra esté llena de huesos, como si fueran piedras»[89] (Alexiévich 2013/2016: 275). En cuanto a *Últimos testigos*, la reciente edición nos brinda una mayor cantidad de relatos sobrecogedores. Por ejemplo, el siguiente fragmento está ausente en la edición publicada en la URSS: «En invierno, en varias ocasiones usamos los cadáveres congelados de los alemanes […]. Los usamos como trineos…»[90] (Alexiévich 1985/2016: 136).

4.4.3. La experimentación de lo sensorial

En esta sección, buscamos explorar la manifestación de lo sensorial en la obra de Alexiévich. Como muestran las más recientes teorías traductológicas, la traducción es una experiencia corpórea (Blumczynski 2023a: 4) y somática (Robinson 1991) por excelencia, dado que traducimos con todos los sentidos (Campbell y Vidal 2019a: xxix, 2019b; Vidal Claramonte 2024, 2025), más allá de lo verbal. La traducción sensorial resalta la naturaleza corporal de la comunicación y se edifica en la premisa de que el conocimiento se transmite a través del cuerpo, que genera narrativas biológicas (Vidal Claramonte 2025). Traducir «with eyes, ears, skin, nose, limbs and heart» (Campbell y Vidal 2019b: 3) se presenta como una forma de conectar mediante las sensaciones, vivir una experiencia sensorial (Blumczynski 2023a: 192-193). Abordar la traducción a nivel multisensorial ayuda a sentir «experience more deeply, and to channel feeling and experiencing through translating, into both better translations and richer, more playful living» (Robinson 1991: 258). En suma, a la hora de traducir recuerdos los canales sensoriales desempeñan un papel crucial (Bassnett 2024: 10).

---

[89] «На картофельных грядках по весне […] вылезают кости. Никто не брезгует, потому как привыкли, вся земля тут в костях, как в камнях».

[90] «Зимой мы несколько раз катались на замерзших немецких трупах […]. Катались, как на саночках…».

Los cinco sentidos —el tacto, el olfato, la vista, el oído y el gusto— emergen como elementos fundamentales en la construcción narrativa de todo el ciclo *Voces de la Utopía*. Mediante esta herramienta traductora, la escritora procura transportar al lector al universo de los eventos traumáticos y evocar las mismas emociones que se experimentaron en aquel entonces. Especialmente, las percepciones sensoriales adquieren un rol destacado en sus escritos sobre la Segunda Guerra Mundial. A continuación, llevaremos a cabo un análisis de cómo algunas de estas se incorporan en *La guerra no tiene rostro de mujer*. Además, examinaremos cómo se modifican los testimonios sobre las experiencias sensoriales al comparar la primera versión de este libro con la más reciente. Tras completar este estudio, realizaremos un breve resumen sobre la presencia de la dimensión sensorial en los testimonios de las otras partes de la pentalogía.

Como nos enseña Simon (en Simon y Polezzi 2022: 154), en contraste con la visión, el tacto proporciona una perspectiva única en la traducción de objetos con carga emocional, pertenecientes a las víctimas del Holocausto. A saber, las alusiones a la sensación táctil confieren características distintivas a *La guerra no tiene rostro de mujer*, ya que permiten experimentar la guerra de manera tangible. Aunque la función principal de la piel consiste en resguardar el organismo del mundo exterior, erigir una barrera entre el ser humano y su entorno, las protagonistas de Alexiévich demuestran que esta barrera no resulta tan impenetrable durante el conflicto bélico. De este modo, en la obra encontramos declaraciones como la siguiente: «Recuerdo cómo arrastrábamos municiones, arrastrábamos equipos por el barro, […] después de la lluvia o en primavera, la tierra era tan pesada, era como la masa de pan»[91] (Alexiévich 1984/2016: 72). A través de su interlocutora, la autora describe las sensaciones desagradables surgidas del contacto entre el cuerpo y el barro. Al conocer esta información, el lector puede imaginar con facilidad el dolor físico provocado por el barro y el peso de la munición.

En la versión más reciente del libro, ciertos mensajes relacionados con el sentido del tacto sufren una notable intensificación. Un ejemplo de ello se observa en la transformación de la siguiente frase original, expresada por una reconocida francotiradora: «Allí nos enseñaban a disparar con escopeta»[92] (Alexiévich 1984/1985: 64). En la última edición de *La guerra no tiene rostro de mujer*, este pasaje se desarrolla así: «Allí nos enseñaban a disparar con escopeta, a lanzar granadas. Al principio… La verdad es que me daba miedo coger la escopeta con las manos, era desagradable»[93] (Alexiévich 1984/2016: 39). En la segunda traducción del mismo fragmento, Alexiévich agrega una referencia significativa a los sentidos: una sensación desagradable de tener un arma entre las manos. Esta adición, que traduce el disgusto que rememora la piel, suscita emociones tangibles en el lector.

---

[91] «Помню, как таскали снаряды на себе, таскали орудия по грязи, […] такая тяжелая земля после дождя или весной, она как тесто».

[92] «Нас там обучали стрелять из боевой винтовки».

[93] «Нас там учили стрелять из боевой винтовки, бросать гранаты. Первое время… Я, признаюсь, боялась винтовку в руки брать, было неприятно».

En sus libros, Alexiévich de manera recurrente incluye referencias a los sonidos. Tanto los ruidos como los silencios se entrelazan en numerosas líneas y generan un efecto cinematográfico, ya que el lector consigue «escuchar» la guerra. No obstante, sin limitarse a la simple adición de gritos y disparos, los testimonios traducen sonidos espeluznantes que rara vez se asocian primeros con el campo de batalla: «Participé en combates cuerpo a cuerpo… Es espantoso… Es inhumano… […] Se fracturan los huesos. Aullidos, gritos. Gemidos. Y ese crujido… ¡Ese crujido! No se olvida. El crujido de los huesos… Oyes cómo cruje el cráneo. Cómo se parte…»[94] (*ibid*.: 159).

Al mismo tiempo, es necesario subrayar que, en la última edición de *La guerra no tiene rostro de mujer*, Alexiévich acentúa la dimensión sonora de la guerra. En este sentido, podemos recordar cómo una de sus informantes rememora el instante en que acabó con la vida de un soldado alemán por primera vez: «Y, sabe, todo mi cuerpo comenzó a temblar, todo mi cuerpo se estaba estremeciendo»[95] (Alexiévich 1984/1985: 67) e «Y, sabe, todo mi cuerpo comenzó a temblar, oí cómo mis huesos se golpeaban entre sí»[96] (Alexiévich 1984/2016: 44). En ambas versiones de este relato, se destaca la agitación y el llanto posterior al acto: la francotiradora admite que no tenía nada en común con disparar a los blancos. Su testimonio se centra en la dificultad de matar no solo desde una perspectiva psicológica. La extraordinaria precisión de la última traducción del fragmento se manifiesta en palabras «oí cómo mis huesos se golpeaban entre sí». Mediante este sonido estremecedor, tanto la autora como la interlocutora enfatizan la tenacidad física del cuerpo ante la acción de matar.

En cuanto a *Últimos testigos*, la representación de las percepciones guarda similitudes con *La guerra no tiene rostro de mujer*. Sin embargo, su ópera prima, sin duda, exhibe ejemplos más impactantes y muestra cambios más significativos en este aspecto entre una edición a otra. Ahora bien, llegados a este punto, resulta de interés analizar cómo se traducen los cinco sentidos en los volúmenes de la pentalogía que no están dedicados a la Segunda Guerra Mundial.

Así, en el caso de *Los muchachos de zinc*, más allá de describir los olores o los sonidos que dejaron una impresión en los combatientes en Afganistán, numerosos testigos abordan la cuestión del consumo de drogas, que potencian las experiencias sensoriales (Alexiévich 1990/2022: 44-45). Al mismo tiempo, la guerra provoca daños físicos que llevan a la pérdida de los sentidos y, con ello, a la ausencia de percepciones. Este fenómeno se confirma por varios soldados que estuvieron en Afganistán: «Incluso ahora —y han pasado cinco años— no siento el olor de las flores, el humo del tabaco, ni el perfume femenino»[97] (*ibid*.: 33).

---

[94] «В рукопашной была… Это ужас… Это не для человека… […] Ломают кости. Вой стоит, крик. Стон. И этот хруст… Этот хруст! Его не забыть. Хруст костей… Ты слышишь, как череп трещит. Раскалывается…».

[95] «И вот, знаете, меня всю затрясло, меня колотило всю».

[96] «И вот, знаете, меня всю затрясло, я слышала, как стучали мои кости».

[97] «Я и сейчас, пять лет прошло, не слышу, как пахнут цветы, табачный дым, женские духи».

En el caso de *Voces de Chernóbil*, en repetidas ocasiones, los testigos buscan traducir su incomprensión del mundo posterior al accidente nuclear. Pese a que el entorno conserva su aspecto, sus sonidos y sus olores habituales, existen una contaminación subyacente y un peligro latente. La propia autora transmite la experiencia de esta confusión al afirmar lo siguiente: «[L]os ojos, los oídos y los dedos no servían para nada, no podían servir, porque la radiación no se ve, no tiene ni olor ni sonido»[98] (Alexiévich 1997/2016: 34). Además, hay quienes señalan alteraciones sensoriales tras la tragedia: «[L]a imagen es bonita, pero algo no está bien. De repente, me doy cuenta: no noto el olor. El jardín está en flor, ¡pero no huele! Solo después me enteré de que así reacciona el organismo ante las altas radiaciones, algunos órganos se bloquean»[99] (*ibid*.: 125) y «He viajado a la zona desde los primeros días… […] [L]o que me impresionaba era ¡el silencio! Ni pájaros ni nada…»[100] (*ibid*.: 257). En suma, Chernóbil deviene un lugar hostil que tanto engaña con su aparente serenidad como perturba la naturaleza y el cuerpo humano. En ambos casos, se trata de un enemigo peligroso e invisible.

Por último, en cuanto a *El fin del «Homo sovieticus»*, Alexiévich recurre a toda una serie de olores, sonidos e imágenes que evocan recuerdos de la URSS en el público lector postsoviético. Las películas y las canciones soviéticas, el olor de los libros difíciles de conseguir, así como el sabor familiar del pan de centeno con sal y del té con azúcar (Alexiévich 2013/2019: 31, 81): todos estos elementos traducen la nostalgia de los ciudadanos por un país que ya no existe, «play a crucial role in catalyzing […] memories, nostalgia» (Ciribuco y O'Connor 2022: 2). Lo novedoso queda en segundo plano frente a las experiencias sensoriales conocidas y arraigadas desde la infancia.

4.4.4. La performatividad de los objetos como fuentes emocionales

En las páginas de las obras que conforman la pentalogía, se despliega una diversidad de objetos que traducen distintos estados emocionales de sus propietarios y permiten al lector experimentar una especie de *tangible translation* (Ciribuco y O'Connor 2022), que genera significados a partir de un desplazamiento metafórico de objetos desde el testigo hasta el público receptor. En sintonía con el reciente giro material de la traductología (Littau 2011, 2016), varios investigadores resaltan la naturaleza traslativa de los objetos (véase Blumczynski 2023a: Ciribuco 2021; Ciribuco y O'Connor 2022; Goldfajn 2023a, 2023b; Vidal Claramonte 2024). Estos catalizadores de traducción (Ciribuco y O'Connor 2022: 6) devienen como *translatio* (Bertacco 2023; Blumczynski 2023a; Vidal Clara-

---

[98] «[Г]лаза, уши, пальцы не годились, не могли послужить, потому что радиация не видна, и у нее нет запаха и звука».

[99] «[К]артинка красивая, а что-то не то. И вдруг пронзает: не слышу запаха. Сад цветет, а нет запаха! Это только потом я узнал, что существует такая реакция организма при высокой радиации, блокируются некоторые органы».

[100] «Я ездила в зону с первых дней… […] [ч]то меня поразило — тишина! Ни птиц, ничего…».

monte 2024), objetos materiales en constante transformación y movimiento simbólico, significativos para sus dueños. Las fotografías, los utensilios de cocina, la vestimenta y otros elementos cotidianos muestran lo que resulta importante para cada individuo, crean una traducción experiencial (Campbell y Vidal 2019a, 2019b), así como materializan los recuerdos (Simon y Polezzi 2022). En suma, representan la *translationality* (Blumczynski 2023a; Robinson 2017), dado que transmiten significados a nivel sensorial, emocional y experiencial, se encuentran en el centro de «emotional experience and act as crucial mediators in emotional transactions between humans» (Goldfajn 2023b: 53). En el presente apartado, destacaremos qué objetos emocionales cobran relevancia en cada parte del ciclo, qué objetos la autora, junto con los testigos, pone en circulación para llevar a cabo la traducción (Ciribuco and O'Connor 2022: 5).

En cada uno de los volúmenes que conforman la pentalogía, se hallan ciertos objetos que se mencionan a lo largo de la obra y poseen un fuerte componente emocional, vinculado con el trauma. Así, en *La guerra no tiene rostro de mujer*, se asocian con lo que comúnmente se considera femenino. Al alistarse en la oficina de reclutamiento, las futuras combatientes se vieron obligadas a dejar atrás atributos como cosméticos o algunos accesorios. En el transcurso de la guerra, las mujeres intentan recuperar su feminidad a través de determinados objetos, que actúan como traducciones emocionales que entrañan mecanismos de supervivencia (Ciribuco 2021: 10), son *tangible translations* (Ciribuco y O'Connor 2022) de la situación de la mujer en la guerra: «Los hombres fumaban, jugaban al dominó, mientras esperábamos la orden de salida, y nosotras bordábamos paños»[101] (Alexiévich 1984/2016: 304).

En el caso de *Últimos testigos*, los objetos emocionales que abundan en los testimonios recopilados son los juguetes infantiles. La constante ausencia de estos objetos, resaltada por los entrevistados, simboliza la carencia de una infancia durante la guerra. Los juguetes se convierten en una traducción tangible de una infancia rota: «Un día encontré una muñeca, pero no entera, solo una cabeza de muñeca. Le cogí cariño. Era mi alegría, no me separaba de ella ni de día ni de noche. Mi único juguete»[102] (Alexiévich 1985/2016: 162).

A su vez, los testimonios recopilados para *Los muchachos de zinc* revelan los anhelos materiales de los soldados que sirvieron en Afganistán. En este país, procuraban conseguir artículos escasos en la URSS: «Un soldado soñaba… Había tres… Tres sueños de soldado: comprar un pañuelo para su madre, un estuche de maquillaje para su novia y un bañador para él, ya que en la Unión Soviética no había bañadores en aquel entonces»[103] (Alexiévich 1990/2022: 36). Al conocer la realidad más allá de las fronteras de su patria, los *afgantsy* empiezan a asignar un gran valor a la vestimenta o los

---

[101] «Мужчины курят, играют в домино, а мы, пока ракеты нет для вылета, сидим, вышиваем платочки».

[102] «Нашла где-то не куклу, а голову от куклы. Полюбила ее. Это была моя радость, носила ее с утра до вечера. Единственная игрушка».

[103] «Солдат мечтал… Было три…Три солдатских мечты: купить платок матери, подружке – косметический набор, себе плавки, тогда плавок в Союзе не было».

dispositivos electrónicos, la guerra se transforma en una oportunidad para explorar una forma de vivir diferente. Por otro lado, las madres de los combatientes caídos encuentran consuelo en las fotografías y los objetos que sus hijos utilizaban durante la infancia: son los únicos vestigios tangibles que les quedan de aquellos que perdieron la vida en Afganistán y que hoy en día traducen simbólicamente su antigua presencia en el mundo (véase *ibid*.: 85). En este caso, las fotografías no son meros retratos, sino que tienen el poder de traducir emociones al evocar recuerdos. Se plasman como «certificados de presencia» (Barthes 1980/1989: 134), que ilustran que en algún momento esa persona estuvo con nosotros (Brodzki 2007: 198).

Los personajes de *Voces de Chernóbil* se enfrentan a un intenso trauma al tener que abandonar sus hogares después del accidente. Debido al dolor ocasionado por este desplazamiento forzado —esta *translatio* de un lugar inhospitalario y pronto inhabitable (Blumcyzynski 2023a: 1-2)—, sienten una imperante necesidad personal de llevar consigo algún objeto de su antiguo lugar de residencia, incluso siendo conscientes de su posible contaminación radiactiva. Para ellos, constituyen «tangible aspects of trajectories of migration» (Ciribuco y O'Connor 2022: 2), traducen tanto la nostalgia por su lugar de origen como la aspiración de regresar un día. En este contexto, algunos testigos del accidente dejan objetos simbólicos en sus antiguas residencias: «Hay que dejar pan en la mesa junto con sal, un plato y tres cucharas. Tantas cucharas como personas en *jata*. Para que así regresemos…»[104] (Alexiévich 1997/2016: 56). Las cucharas que representan a los habitantes de la casa ejemplifican *experiential translationality* (Blumcyzynski 2023a), traducen la sensación de serenidad y esperanza.

El ejemplo más impactante del valor traductor simbólico y emocional que las víctimas de Chernóbil atribuyen a los objetos cotidianos se revela en el relato de un hombre que deseaba llevar consigo la puerta de su vivienda. Este confidente de Alexiévich intenta realizar un acto de *translatio* casi en el sentido medieval, transportar una puerta como si fuera una reliquia (Blumcyzsnki 2023a):

> Tengo que quitar la puerta del apartamento y llevármela, no puedo dejar la puerta. […] Nuestra puerta… ¡Nuestro talismán! Una reliquia familiar. Sobre esta puerta, velamos a mi padre. […] Y en esta misma puerta, hasta la cima, están las muescas. De cómo iba creciendo yo… Está anotado: primer año de colegio, el segundo. […] Y al lado cómo iba creciendo ya mi hijo… Y mi hija… En esta puerta está grabada toda nuestra vida, como en los antiguos papiros. ¿Cómo la voy a dejar?[105] (Alexiévich 1997/2016: 52).

---

[104] «Надо оставить хлеб на столе и соль, миску и три ложечки. Ложек столько, сколько душ в хате. Все чтоб вернуться…».

[105] «Я должен снять дверь с квартиры и увезти, дверь оставить не могу. […] Наша дверь… Наш талисман! Семейная реликвия. На этой двери лежал мой отец. […] И на этой же двери до самого верха зазубрины… Как я рос… Отмечено: первый класс, второй. […] А рядом — как рос уже мой сын… Моя дочь… На этой двери вся наша жизнь записана, как на древних папирусах. Как я ее оставлю?».

Por último, en *El fin del «Homo sovieticus»*, hallamos numerosos testimonios que anidan la añoranza por la era soviética y la veneración de su simbología, traducidas a través de objetos: «No me separaba nunca de la pañoleta roja que llevaba anudada al cuello, [...] la planchaba cada mañana para que no tuviera una sola arruga»[106] (Alexiévich 2013/2019: 97). En este sentido, algunos entrevistados muestran con frecuencia su desaprobación hacia lo nuevo, lo que perciben como una manifestación de la vida capitalista: «Nuestros padres vendieron un gran país por vaqueros, cigarrillos Marlboro y chicles»[107] (*ibid.*: 112).

4.5. LA DIMENSIÓN ÉTICA DE LA TRADUCCIÓN EMOCIONAL DE LA HISTORIA

Calificada como «a perennial question of translation» (Koskinen y Pokorn 2021: 1), hoy en día, la ética traductora emerge como uno de los temas más intrincados dentro de nuestra disciplina. En busca de dilucidar qué es lo (in)correcto en la práctica traslativa y cómo debe actuar el agente traductor en diversas situaciones (Koskinen y Pokorn 2021: 3; Lambert 2023: 1-2), los investigadores formulan una serie de preguntas que, en su mayoría, carecen de respuestas definitivas. Así, en la siguiente cita, Ergun (2021: 114) recopila varios interrogantes que invitan a reflexionar sobre la naturaleza de la ética aplicada a la traducción:

> In a world where differences are hierarchically coded and violently regulated [...] how to mediate across differences and navigate power-ridden borderings that demand translation? How to be accountable for the power to translate? [...] How to engage in translation in ways that not only empower marginalized communities, but also lay the groundwork to build cross-border affinities and solidarities of resistance? How to translate the other so that we connect with them outside the assimilation and oppressive parameters of the binary logic? In other words, how to translate ethically? As a matter of plurality, connectivity, and alterity, translation invites us to ask those urgent ethical questions of why and how to translate.

A la vista de todo lo anteriormente expuesto, cabe señalar que la tarea emprendida por Svetlana Alexiévich de realizar una traducción emocional de la historia de la URSS conlleva una gran responsabilidad ética. Actuando como una segunda testigo, se dispone a escuchar relatos aterradores y compartir el dolor de sus confidentes. Después de recopilar los materiales, se ve en la necesidad de reexaminarlos de manera constante para brindarles nuevas interpretaciones y, como paso final, acercar su traducción al lector mediante la representación de la oralidad, el trauma, las percepciones sensoriales y los objetos con carga afectiva.

Sin lugar a duda, la dimensión ética de *Voces de la Utopía* radica en la representación de toda una polifonía de voces, voces de los sin voz (Lindbladh 2017: 281). El desafío ético reside en armonizar en un único coro los testimonios de los subalternos con sus diversos puntos de vista. Al contrastar la historia oficial con estas historias «desde abajo» —al marcar la diferencia y resaltar la pluralidad de las traducciones del pasado— se encuentra el principal fundamento ético sobre el cual Alexiévich construye su narrativa.

---

[106] «С красным галстуком я не расставалась, [...] гладила его каждое утро, чтобы ни одной складочки».
[107] «Великую страну наши родители продали за джинсы, "Мальборо" и жвачку».

Ahora bien, no conviene olvidar que algunos investigadores «have been quite critical in their assessment of the ethical problems raised by Aleksievich's penchant for rewriting interviews» (Myers 2017: 334). Debido a las modificaciones que la autora introduce en las retraducciones —tales como la adición o la eliminación de ciertos detalles, la atribución de fragmentos a otros interlocutores, cambios de nombres o edades, así como alteraciones de datos—, su prosa en ocasiones se tacha de ficción y se describe como un texto que no refleja testimonios reales, sino que se apoya en estos y añade elementos inventados. Sin entrar en debates sobre el plano ficcional y no ficcional de su obra, dada la dificultad de trazar una línea entre estos dos polos presuntamente opuestos, debemos reconocer que a veces resulta complicado explicar determinados ajustes de la escritora. Tampoco vemos la posibilidad de realizar conjeturas sobre los cambios o especular sobre la relación de la periodista con los testigos.

Sin embargo, observar su pentalogía desde una óptica traductora puede proporcionar una mejor comprensión del propósito principal de sus modificaciones. Huelga afirmar que, mientras algunos cuestionan la ética de los métodos de Alexiévich, consideramos que el tratamiento ético de sus escritos implica una revisión constante, de ahí que el resultado de su trabajo sea ético. A continuación, explicaremos nuestra perspectiva sobre esta cuestión.

En primer lugar, es pertinente destacar que los libros de Alexiévich a menudo se abordan desde la noción idealizada de fidelidad y la equivalencia absoluta, como ha sucedido a lo largo de los siglos con todos los traductores. Al igual que en cualquier traducción interlingüística, en el caso de la obra de la Premio Nobel, una simple reproducción de las entrevistas no resultaría efectiva. Tal vez, después de «Pierre Menard, autor del *Quijote*» de Borges (1974/1984), ni siquiera tenga sentido hablar de una reproducción, ya que siempre sería una nueva escritura, una traducción (Vidal Claramonte 2023). Asimismo, la figura de Alexiévich se examina en términos de una supuesta neutralidad y la no autoridad de su propia obra. En comparación con el sagrado «original» —las voces de los testigos—, ella ocupa una posición secundaria, la de una traductora, que no debe manipular lo testimoniado bajo ningún concepto.

No obstante, incluso al admitir que la autora podría haber transcrito las entrevistas palabra por palabra, esto no habría constituido un trabajo ético. Sin las intervenciones literarias de Alexiévich y el énfasis en una dimensión estética de los relatos, habría sido prácticamente imposible alcanzar a tantos lectores en todo el mundo. Es probable que sus manuscritos solo hubieran tenido una edición. Por lo tanto, no habrían cumplido con la principal finalidad de la traducción según Benjamin (1923/1996): garantizar la supervivencia del original. La primera traducción, así como todas las retraducciones de los testimonios, aseguran que el original continúe existiendo, que la memoria perdure y sobreviva al olvido (Brodzki 2007). Por ende, de cara a su posterior difusión, no habría sido ético mantener las entrevistas sin modificaciones.

En segundo lugar, conviene indagar acerca de cómo la autora ha logrado cosechar tanto éxito y por qué el original persiste, sigue sobreviviendo. La respuesta se puede hallar en la introducción a la primera edición de *La guerra no tiene rostro de mujer*, a cargo de su mentor, Alés Adamóvich (en Alexiévich 1984/1985: 51): «[L]os acontecimientos, los hechos y el material deben tocar la profundidad misma del alma humana. [...] [E]stos hechos y acontecimientos deben implicar a muchos [...]. Solo bajo esta condición puede surgir la temperatura necesaria, la intensidad emocional»[108]. Tras analizar la mayoría de los cambios introducidos por Alexiévich en *La guerra no tiene rostro de mujer* y *Últimos testigos*, nos percatamos de que su función principal es realzar el componente emocional de los testimonios y aumentar la intensidad de las imágenes.

Si se hubiera mantenido la traducción inicial, la prosa no habría llegado a tantos lectores contemporáneos, dado que muchas declaraciones de los años ochenta hoy parecen a todas luces anticuadas. Si bien anteriormente conmovían al público, en el actual mundo globalizado —con diferentes receptores y una Alexiévich distinta—, requerían una retraducción acorde a los nuevos tiempos, una nueva poética y sin la censura soviética. Conservarlas intactas no podría concebirse ético, puesto que habría recortado notablemente su vida. Así, la responsabilidad de Alexiévich como traductora consiste en reelaborar el material para adaptarlo al público y continuar presentándolo como una cadena de experiencias emocionales.

Por último, al aproximarse al Otro —al percibir su cercanía gracias a la oralidad, conocer sus traumas y sus pesadillas más íntimas, tocar/ver/oír/oler/saborear el mundo como él lo hace y entender el significado afectivo de los objetos que lo rodean—, los lectores se ven conmovidos e inmersos en conflictos éticos internos. La escritora evita emitir juicios o etiquetas sobre lo narrado, siempre intenta generar empatía hacia el testigo para provocar la reflexión en el receptor del testimonio. Incluso al no estar de acuerdo con ciertos planteamientos, lo cual se deduce de las introducciones que acompañan su obra, Alexiévich los presenta al público. De esta forma, produce el efecto de confianza, permite que el propio lector desarrolle una conciencia crítica y una sensibilidad ética.

En definitiva, podemos concluir que la perspectiva ética de la traducción llevada a cabo por Alexiévich no busca transmitir el contenido, sino la experiencia emocional. En este sentido, permanece fiel tanto al original, que contiene un cúmulo de traumas y recuerdos dolorosos, como a sí misma al releer y reinterpretar constantemente las conversaciones grabadas, y, con ello, traducir su propia experiencia emocional de estas lecturas. Finalmente, retraduce los testimonios para seguir ofreciéndole al lector una experiencia emocional acorde a su época y, por ende, garantizar que las voces de los antiguos soviéticos sigan resonando y emocionando.

---

[108] «[С]обытия, факты, материал должны затрагивать самую глубину души человеческой [...]. [Ф]акты эти, события должны касаться многих [...]. Лишь при этом условии может возникнуть нужная температура, эмоциональный накал».

Conclusiones

«Language, experience, and embodiment are not temporally separate stages, but are imbricated. In turn, this does not mean that they merge [...] – keeping them conceptually distinct has the advantage of opening up the investigation to processes of translation [...] between them»: con esta concisa —y a la vez abarcadora— observación de Pernau (2014: 542) como punto de partida, procedemos a las conclusiones de esta investigación, que aboga por la continua presencia del proceso traslativo en nuestras experiencias cotidianas. A lo largo de este monográfico, auspiciado bajo los principios de la historiografía crítica y las últimas tendencias de la traductología, hemos aspirado a subrayar la vital pertinencia del concepto de traducción a la hora de reflexionar tanto sobre los tiempos actuales como sobre los pasados. A tal respecto, retomamos la perspicaz metáfora de Martín Ruano (2022a: 48), que equipara la traducción con una antorcha, capaz de iluminar trabajos académicos de diversos campos del saber, incluidos los estudios sobre la historia.

Como hemos explicado en la introducción, el objetivo principal de esta investigación consistía en aplicar el concepto de traducción —entendido en el sentido más amplio— a la obra histórica permeada por la memoria traumática y mostrar que su examen cualitativo, realizado desde una óptica traductológica, permite detectar la presencia de la práctica traductora en diversos niveles y, con ello, nutrir la narrativa con nuevas lecturas. Para este propósito, hemos escogido un corpus compuesto por cinco volúmenes que contienen testimonios sobre el pasado soviético, recopilados y publicados por Svetlana Alexiévich. Siguiendo la estela de las teorías traductológicas más recientes, hemos empleado en nuestro análisis una serie de conceptos que giran en torno a la traducción para comprobar que, por un lado, la traducción es un fenómeno ubicuo (Blumczynski 2016) y sumamente útil al abordar textos históricos, y, por otro, la propia historia puede concebirse como una traducción de lo real (Vidal Claramonte 2018).

En pos de fundamentar nuestro análisis, hemos partido de las ideas posestructuralistas, que defienden la inestabilidad y la multiplicidad de significados, fruto de la complejidad del lenguaje y su íntima vinculación con la ideología. A continuación, nos hemos centrado en la evolución del entendimiento de la traducción —la noción clave de nuestra disciplina—, que ayuda a desvelar «new connections, interstices, overlaps, resonances, contradictions and differences between familiar topics, that is, new paths by which to traverse familiar terrain» (Carbonell Cortés y Harding 2018: 2). Hemos explorado las últimas corrientes de los estudios de traducción, que insisten en la naturaleza omnipresente de este fenómeno (véase Bassnett y Johnston 2019; Blumczynski 2016; Gentzler 2017; Marais 2019; Nergaard y Arduini 2011). Durante este análisis, hemos identificado su conexión y su afinidad con la noción de experiencia (véase Blumczynski 2023a; Campbell y Vidal 2019a, 2019b; Vidal Claramonte 2024, 2025) y, más específicamente, con la experiencia emocional (Ahmed 2004/2014; Petrilli 2022, 2023).

Por último, hemos dirigido nuestra mirada hacia la historia y la memoria a fin de reflejar la presencia de prácticas traslativas en ambas: mediante la traducción, accedemos a versiones provisionales de la historia (Vidal Claramonte 2018), mientras que la memoria en su esencia implica un ejercicio traductor (Brodzki 2007). Asimismo, hemos puesto énfasis en examinar la memoria traumática y su intersección con el concepto de traducción, dado que el corpus seleccionado exhibe narrativas impregnadas de recuerdos dolorosos. En definitiva, los enfoques teórico-metodológicos interdisciplinares recogidos en los tres primeros capítulos de la investigación han establecido los cimientos para construir un análisis sólido, que revela cómo los conceptos de traducción, historia, memoria, trauma, objetos, experiencias, sentidos y emociones pueden entrelazarse en el marco de una obra literaria y dar lugar a sus nuevas interpretaciones.

Los resultados del análisis llevado a cabo en el cuarto capítulo han servido para ratificar la hipótesis de que elaborar la narrativa histórica es traducir la realidad y de que estas traducciones entrañan múltiples reescrituras del pasado y, con el respaldo de testimonios traumáticos, lo representan como una sucesión de experiencias emocionales. En la sección correspondiente al estudio de la pentalogía de Alexiévich, hemos observado cómo la traducción emocional se manifiesta en varios aspectos en el transcurso del texto, en el que la autora bielorrusa traduce las realidades de la era soviética. A continuación, expondremos un resumen de nuestros hallazgos más significativos.

Mediante un proceso de autotraducción —doloroso y necesario—, los testigos entrevistados por la escritora describen sus traumas y, con sus voces, conforman un coro polifónico que vislumbra diversas perspectivas de la historia de la URSS. Los testimonios orales se traducen por Alexiévich al documento escrito para posteriormente someterse a múltiples retraducciones, debido a los continuos cambios en el *habitus*, en los que tanto el público de *Voces de la Utopía* como la propia escritora viven inmersos. Estas traducciones y retraducciones garantizan la supervivencia de los relatos originales (Benjamin 1923/1996), moldean la forma en que el lector traduce la historia al sumergirse en una pluralidad de sus versiones y proyectan una nueva manera de traducir el pasado soviético: como una cadena de experiencias emocionales en movimiento que involucran a todos, desde los narradores hasta los receptores de las historias.

Alexiévich realiza la traducción emocional a través de la incorporación de los efectos de la oralidad en la escritura, la representación del trauma, el uso de las percepciones sensoriales y la performatividad de los objetos como fuentes emocionales. A partir de los ejemplos extraídos de los cinco volúmenes de la pentalogía, hemos reflexionado sobre cómo la autora construye una retórica del dolor (Hron 2009) y traduce las experiencias traumáticas de los (antiguos) ciudadanos de la Unión Soviética. Asimismo, hemos prestado atención a la variación del enfoque emocional entre la primera y la última edición de sus dos óperas primas, dedicadas a los testimonios femeninos e infantiles sobre la Segunda Guerra Mundial.

El estudio revela que la apuesta por la oralidad facilita la conexión entre el público y el testigo, ya que evoca en el lector la impresión de escuchar de primera mano las autotraducciones de los entrevistados y compartir el espacio metafórico con ellos. Esto transforma al lector en un segundo testigo de los acontecimientos (Deane-Cox 2013, 2018; Laub 1992b). Las traducciones del trauma abren una ventana al sufrimiento experimentado por el testigo, lo cual posibilita que el receptor también se adentre en una experiencia emocional intensa. La descripción detallada de las percepciones sensoriales traduce las sensaciones de los confidentes de Alexiévich y permite que, después de traducirlas a su propio cuerpo, el lector reviva un pasado hasta entonces desconocido para él. Finalmente, los objetos introducen tanto al testigo como al público en un movimiento emocional de lo material y actúan como poderosos instrumentos para traducir la memoria traumática y las emociones. Con todo, al resaltar el amplio espectro de relatos del pasado, al convertirlos en una experiencia emocional para el lector, al ajustarlos al formato literario y al revisarlos constantemente, se pone de manifiesto la dimensión ética del trabajo traslativo emprendido por Alexiévich, en consonancia con la idea benjaminiana de la traducción como supervivencia del original.

En cuanto a los objetivos secundarios de carácter social, a través del examen de la pentalogía —con sus diversos coros polifónicos—, hemos buscado reafirmar la relevancia de traducir éticamente la(s) historia(s) en su pluralidad. Consideramos que esta aproximación resulta ser la más apropiada para conocer el pasado más allá de la narrativa oficial y contrarrestar los estereotipos que surgen al limitarse a una sola perspectiva histórica (Adichie 2009). En este contexto, queremos rescatar una cita de Sophie Benech (2015: s. p.), traductora de las obras de Alexiévich al francés: «Alexievich's oral history gives us a picture of Russia and Russians that is far more insightful than what we typically find in the media. […] [I]t encourages us to go beyond prejudices, clichés, and set opinions». Tenemos la esperanza de que nuestro trabajo haya plantado una semilla que fomente una comprensión más profunda de la URSS mediante las traducciones emocionales de sus representantes.

En lo que atañe a los objetivos académicos, hemos tratado de expandir el horizonte de la línea de investigación interdisciplinar que vincula la traducción y la historia. En nuestro estudio, hemos incorporado conceptos como la experiencia, el trauma, las percepciones sensoriales y los objetos. Consideramos que presentar la historia como una traducción de experiencias emocionales contribuye a ampliar la comprensión de la traducción histórica y a dotarla de teorías provenientes de una serie de disciplinas, como la semiótica, los estudios de memoria, la psicología y muchas más. Esperamos que la metodología interdisciplinar utilizada en nuestro análisis pueda extrapolarse a otras pesquisas sobre el pasado.

A la hora de reflexionar sobre las futuras direcciones de nuestra investigación, identificamos tres posibles líneas: ahondar más en el estudio de la obra de Alexiévich, examinar otras traducciones de la historia soviética y, por último, aventurarnos en nuevas sendas de traducciones del pasado, que se extiendan más allá de la URSS. Así, con relación a la pentalogía de Alexiévich, sería interesante comprobar cómo la traducción emocional de la historia en la que ella basa su ciclo se refleja en las traducciones interlingüísticas. A su vez, resultaría fascinante explorar la manera en que los representantes de diferentes culturas viven estas experiencias traumáticas del pasado proporcionadas por la autora. Además, nos parece oportuno aplicar la metodología interdisciplinar desarrollada en esta investigación a otras traducciones de la historia soviética y la de otros países. Estas historias, siempre en plural, podrían abrir nuevos caminos del pasado y permitir experimentarlo de manera más inmersiva a través del acto de traducción emocional.

Nota sobre la transliteración

La transliteración de los vocablos rusos que figuran en el presente monográfico se realiza de acuerdo con el sistema de romanización propuesto por la ONU (1987) y basado en la norma rusa GOST (1983). En la actualidad, aún no se ha alcanzado un consenso respecto a un modelo estándar de transliteración del alfabeto cirílico al español, de ahí que existan distintas opciones que difieren en cuestiones de detalle. El sistema de transliteración de la ONU se encuentra entre los sistemas oficiales de transliteración y se recomienda por la Fundéu (2023)[109]. Hemos aplicado dicha norma en todos los casos cuando era necesario transliterar caracteres cirílicos. No obstante, a fin de facilitar la lectura del trabajo, hemos hecho excepciones con los nombres propios de los destacados personajes de la cultura rusa —que cuentan con una (o más de una) forma(s) castellanizada(s)—. Así, hemos optado por utilizar las formas *Dostoyevski* y *Alexiévich*[110]*, adaptadas ortográficamente para los lectores españoles, en lugar de Dos-toevskij* y *Aleksievič,* sus versiones transliteradas conforme a las normas de la ONU.

---

[109] Véase https://www.fundeu.es/wp-content/uploads/2014/04/TranscripcionesGuiaFundeu.pdf.
[110] Véase https://www.fundeu.es/recomendacion/svetlana-aleksievich-alexievich-nobel/.

Referencias bibliográficas

ACKERMAN, Galia y Frédérick LEMARCHAND. 2009. «Du bon et du mauvais usage du témoignage dans l'oeuvre de Svetlana Alexievitch». *Tumultes* 32-33 (1): 29-55.

ADAMO, Sergia. 2006. «Microhistory of Translation». En *Charting the Future of Translation History*, editado por Georges L. Bastin y Paul F. Bandia, 81-100. Ottawa: University of Ottawa Press.

ADAMÓVICH, Alés, Vladímir KOLÉSNIK, y Yanka BRYL. 1975/1991. *Ja iz ognennoj derevni* [*Soy de una aldea en llamas*]. Moscú: Sovetskij pisatel'.

ADICHIE, Chimamanda Ngozi. 2009. *The Danger of the Single Story*. TED TALKS. https://www.ted.com/talks/chimamanda_ngozi_adichie_the_danger_of_a_single_story [Último acceso: 21 de enero de 2024].

AHMED, Sara. 2004/2014. *The Cultural Politics of Emotion*. Edimburgo: Edinburgh University Press.

ALEXIÉVICH, Svetlana. 1977. «Meč i plamja revoljucii [Espada y llama de la revolución]». *Neman* 9: 130-135.

— 1984/1985. *U vojny — ne ženskoe lico...* [*La guerra no tiene rostro de mujer...*]. Minsk: Mastackaja literatura.

— 1984/2016. *U vojny ne ženskoe lico* [*La guerra no tiene rostro de mujer*]. Moscú: Vremja.

— 1985. *Poslednie svideteli. Kniga nedetskih rasskazov* [*Últimos testigos. Libro de cuentos no infantiles*]. Moscú: Molodaja gvardija.

— 1985/2016. *Poslednie svideteli. Solo dlya detskogo golosa* [*Últimos testigos. Solo para la voz infantil*]. Moscú: Vremja.

— 1990/2022. *Cinkovye mal'čiki* [*Los muchachos de zinc*]. Moscú: Vremja.

— 1994. *Začarovannye smert'ju* [*Hechizados por la muerte*]. Moscú: Slovo.

— 1997/2016. *Černobyl'skaja molitva. Hronika buduščego* [*La oración de Chernóbil. Crónica del futuro*]. Moscú: Vremja.

— 2013/2019. *Vremja Sekond Hènd* [*Tiempo de segunda mano*]. Moscú: Vremja.

— 2015. «Nobelevskaja lekcija [El discurso del Premio Nobel]». Academia Sueca. https://www.nobelprize.org/uploads/2018/06/alexievich-lecture_ry.pdf [Último acceso: 2 de febrero de 2024].

ALONZI, Luigi, (ed.) 2023a. *History as a Translation of the Past: Case Studies from the West*. Londres: Bloomsbury Academic.

— 2023b. «History as Translation/Anachronism as Synchronism». *Rethinking History* 27 (4): 664-683.

ALVES, Fabio, y Arnt Lykke JAKOBSEN, eds. 2021. *The Routledge Handbook of Translation and Cognition*. Londres/Nueva York: Routledge.

ANTZE, Paul. 2003. «The Other Inside: Memory as Metaphor in Psychoanalysis». En *Regimes of Memory*, editado por Susannah Radstone y Katharine Hodgkin, 96-113. Londres/Nueva York: Routledge.

Antze, Paul, y Michael Lambek. 1996. «Introduction: Forecasting Memory». En *Tense Past: Cultural Essays in Trauma and Memory*, editado por Paul Antze y Michael Lambek, xi-xxxviii. Londres/Nueva York: Routledge.

Arfuch, Leonor. 2013. *Memoria y autobiografía. Exploraciones en los límites*. Buenos Aires: Fondo de Cultura Económica.

Arrojo, Rosemary. 2007. *Oficina de tradução: a teoria na prática*. São Paulo: Ática.

Assmann, Aleida. 1999/2011. *Cultural Memory and Western Civilization: Function, Media, Archives*. Cambridge: Cambridge University Press.

— 2006. «History, Memory, and the Genre of Testimony». *Poetics Today* 27 (2): 261-273.

— 2008a. «Culture and Archive». En *Cultural Memory Studies: An International and Interdisciplinary Handbook*, editado por Astrid Erll y Ansgar Nünning, 97-107. Berlín/Nueva York: De Gruyter.

— 2008b. «Transformations between History and Memory». *Social Research* 75 (1): 49-72.

Assmann, Jan. 1992/2011. *Cultural Memory and Early Civilization: Writing, Remembrance, and Political Imagination*. Cambridge: Cambridge University Press.

— 2008. «Communicative and Cultural Memory». En *Cultural Memory Studies: An International and Interdisciplinary Handbook*, editado por Astrid Erll y Ansgar Nünning, 109-118. Berlín/Nueva York: De Gruyter.

Aurell, Jaume. 2016. *La historiografía medieval: entre la historia y la literatura*. Valencia: Universitat de València.

Bachmann-Medick, Doris. 2009. «Introduction: The Translational Turn». *Translation Studies* 2 (1): 2-16.

— 2013. «Translational Turn». En *Handbook of Translation Studies. Volume 4*, editado por Yves Gambier y Luc van Doorslaer, 186-193. Ámsterdam/Filadelfia: John Benjamins Publishing Company.

Bajtín, Mijaíl. 1929/2002. «Problemy poètiki Dostoevskogo [Problemas de la poética de Dostoyevski]». En *Sobranie sočinenij: Tom 6*, de Mijaín Bajtín, 7-367. Moscú: Russkie slovari/Jazyki slavjanskoj kul'tury.

Baker, Catherine. 2020. «Svetlana Alexievich's Soviet Women Veterans and the Aesthetics of the Disabled Military Body: Staring at the Unwomanly Face of War». En *Making War on Bodies: Militarisation, Aesthetics and Embodiment in International Politics*, editado por Catherine Baker, 74-96. Edimburgo: Edinburgh University Press.

Bal, Mieke. 2002. *Travelling Concepts in the Humanities*. Toronto: University of Toronto Press.

Bandia, Paul F. 2009. «Cheikh Anta Diop: Translation at the Service of History». En *Agents of Translation*, editado por John Milton y Paul Bandia, 209-227. Ámsterdam/Filadelfia: John Benjamins Publishing Company.

— 2014. «Response». *The Translator* 20 (1): 112-118.

Barthes, Roland. 1957/1999. *Mitologías*. México D. F.: Siglo XXI Editores. Traducción de Héctor Schmucler.

— 1966/1972. *Crítica y verdad*. Buenos Aires: Siglo Veintiuno Editores Argentina. Traducción de José Bianco.

— 1972/2011. *El grado cero de la escritura y nuevos ensayos críticos*. Buenos Aires: Siglo Veintiuno Editores Argentina. Traducción de Nicolás Rosa y Patricia Wilson.

— 1973/1993. «El placer del texto». En *El placer del texto seguido por la lección inaugural de la cátedra de semiología lingüística del Collège de France pronunciada el 7 de enero de 1977*, 7-107. México D. F.: Siglo XXI Editores. Traducción de Nicolás Rosa.

— 1978/1993. «Lección inaugural de la cátedra de semiología lingüística del Collège de France pronunciada el 7 de enero de 1977». En *El placer del texto seguido por la lección inaugural de la cátedra de semiología lingüística del Collège de France pronunciada el 7 de enero de 1977*, 111-150. México D. F.: Siglo XXI Editores. Traducción de Óscar Terán.

— 1980/1989. *La cámara lúcida. Nota sobre la fotografía*. Barcelona/Buenos Aires/México: Paidós. Traducción de Joaquim Sala-Sanahuja.

— 1984/1994. *El susurro del lenguaje. Más allá de la palabra y de la escritura*. Barcelona/Buenos Aires/México: Paidós. Traducción de C. Fernández Medrano.

Bassnett, Susan. 1998. «The Translation Turn in Cultural Studies». En *Constructing Cultures: Essays on Literary Translation Topics in Translation*, editado por Susan Bassnett y André Lefevere, 123-140. Clevedon/Filadelfia/Toronto/Sídney/Johannesburgo: Multilingual Matters.

— 2003. «Translation as Re-Membering». En *Cultural Memory: Essays on European Literature and History*, editado por Edric Caldicott y Anne Fuchs, 293-309. Berna: Peter Lang.

— 2011. «Prologue». En *Tradition, Translation, Trauma. The Classic and the Modern*, editado por Jan Parker y Timothy Mathews, 1-9. Oxford: Oxford University Press.

— 2011/2014. «From Cultural Turn to Translational Turn: A Transnational Journey». En *World Literature in Theory*, editado por David Damrosch, 234-245. Chichester: John Wiley and Sons.

— 2014. «Translation Studies at a Cross-Roads». En *The Known Unknowns of Translation Studies*, editado por Elke Brems, Reine Meylaerts, y Luc Van Doorslaer, 17-27. Ámsterdam/Filadelfia: John Benjamins Publishing Company.

— 2024. «Thoughts on Translation and Memory». En *Translating Memories of Violent Pasts*, editado por Claudia Jünke y Désirée Schyns, 9-20. Nueva York/Londres: Routledge.

Bassnett, Susan, y David Johnston. 2019. «The Outward Turn in Translation Studies». *The Translator* 25 (3): 181-88.

Bassnett, Susan, y André Lefevere. 1990. «Preface». En *Translation, History and Culture*, editado por Susan Bassnett y André Lefevere, ix. Londres/Nueva York: Pinter Publishers.

Bastin, Georges L., y Paul F. Bandia. 2006. «Introduction». En *Charting the Future of Translation History*, editado por Georges L. Bastin y Paul F. Bandia, 1-9. Ottawa: University of Ottawa Press.

Batchelor, Kathryn. 2015. «Orality, Trauma Theory and Interlingual Translation: A Study of Repetition in Ahmadou Kourouma's *Allah n'est pas obligé*». *Translation Studies* 8 (2): 191-208.

Baxter, Jeannette. 2017. «Self-Translation and Holocaust Writing: Leonora Carrington's *Down Below*». En *Translating Holocaust Lives*, editado por Jean Boase-Beier, Peter Davies, Andrea Hammel, y Marion Winters, 221-40. Londres/Nueva York: Bloomsbury.

Baynham, Mike, y Tong King Lee. 2019. *Translation and Translanguaging*. Londres/Nueva York: Routledge.

Beattie, Pamela, Simona Bertacco, y Tatjana Soldat-Jaffe. 2023. «Introduction». En *Time, Space, Matter in Translation*, editado por Pamela Beattie, Simona Bertacco, y Tatjana Soldat-Jaffe, 1-3. Londres/Nueva York: Routledge.

Bek, Tatjana. 1996/2016. «S. Aleksievič. Moja edinstvennaja žizn' [S. Alexiévich. Mi única vida]». *Voprosy literatury*. https://noblit.ru/node/3163 [Último acceso: 15 de enero de 2024].

Benech, Sophie. 2015. «Conductor of the Anonymous». *The Nation*, 2015. https://www.thenation.com/article/archive/conductor-of-the-anonymous/ [Último acceso: 23 de enero de 2024].

Benjamin, Walter. 1923/1996. «La tarea del traductor». En *Teorías de la traducción: antología de textos*, editado por Dámaso López García. Cuenca: Ediciones de la Universidad de Castilla-La Mancha. Traducción de A. Aguid *et al.*

— 1936/2008. *El narrador*. Santiago de Chile: Ediciones Metales Pesados. Traducción de Pablo Oyarzun R.

— 1942/2008. *Tesis sobre la historia y otros fragmentos*. México D. F.: UACM/Itaca. Traducción de Bolívar Echevarría.

Bennett, Karen. 2007. «Words into Movement: The Ballet as Intersemiotic Translation». En *Teatro e Tradução: Palcos de Encontro*, editado por Maria João Brilhante y Manuela Carvalho, 125-140. Oporto: Campo das Letras.

— 2022. «The Unsustainable Lightness of Meaning: Reflections on the Material Turn in Translation Studies and Its Intradisciplinary Implications». En *Recharting Territories: Intradisciplinarity in Translation Studies*, editado por Gisele Dionísio da Silva y Maura Radicioni, 49-73. Lovaina: Leuven University Press.

— 2023. «Approaches to Knowledge Translation». En *The Routledge Handbook of Translation Theory and Concepts*, editado por Reine Meylaerts y Kobus Marais, 443-462. Londres/Nueva York: Routledge.

Bennett, Jill. 2003. «The Aesthetics of Sense-Memory: Theorising Trauma through the Visual Arts». En *Regimes of Memory*, editado por Susannah Radstone y Katharine Hodgkin, 27-39. Londres/Nueva York: Routledge.

Bertacco, Simona. 2023. «*Translatio* and Migration». En *Time, Space, Matter in Translation*, editado por Pamela Beatie, Simona Bertacco, y Tatjana Soldat-Jaffe, 118-135. Londres/Nueva York: Routledge.

Bielsa, Esperança. 2005. «Globalisation as Translation: An Approximation to the Key but Invisible Role of Translation in Globalisation». University of Warwick. Centre for the Study of Globalisation and Regionalisation. https://wrap.warwick.ac.uk/1956/ [Último acceso: 12 de enero de 2024].

Bielsa, Esperança. 2006. *The Latin American Urban Crónica: Between Literature and Mass Culture*. Lanham: Lexington Books.

Bielsa, Esperança, y Dionysios Kapsaskis, eds. 2021. *The Routledge Handbook of Translation and Globalization*. Londres/Nueva York: Routledge.

Blumczynski, Piotr. 2016. *Ubiquitous Translation*. Nueva York: Routledge.

— 2023a. *Experiencing Translationality: Material and Metaphorical Journeys*. Nueva York/Londres: Routledge.

— 2023b. «"Many different practices, one name". A semasiological counterweight to an onomasiological approach in search for a fuller phenomenology of translation». *Perspectives*: 1-15. [en prensa].

Boase-Beier, Jean, Peter Davies, Andrea Hammel, y Marion Winters, eds. 2017. *Translating Holocaust Lives*. Londres/Nueva York: Bloomsbury.

Bond, Lucy. 2024. «Mnemonic Translation and the Politics of Visibility». En *Translating Memories of Violent Pasts*, editado por Claudia Jünke y Désirée Schyns, 21-39. Nueva York/Londres: Routledge.

Borges, Jorge Luis. 1974/1984. *Obras completas 1923-1972*. Buenos Aires: Emecé Editores.

Bourdieu, Pierre. 1985/2001. *¿Qué significa hablar? Economía de los intercambios lingüísticos*. Madrid: Akal. [No figuran datos sobre la traducción].

Brintlinger, Angela. 2017. «Mothers, Father(s), Daughter: Svetlana Aleksievich and *The Unwomanly Face of War*». *Canadian Slavonic Papers* 59 (3-4): 196-213.

Brodsky, Joseph. 1986. *Less Than One: Selected Essays*. Nueva York: Farrar, Straus and Giroux.

Brodzki, Bella. 2007. *Can These Bones Live? Translation, Survival, and Cultural Memory*. Stanford: Stanford University Press.

— 2017. «Autobiography, Memory, and Translation». *translation: a transdisciplinary journal* 5 (fall): 17-40.

Brodzki, Bella, y Cristina Demaria. 2017. «Introduction: Translation and Memory across Cultures and Disciplines. Past and Future Tenses». *translation: a transdisciplinary journal* 6 (2): 13-35.

Brownlie, Siobhan. 2016. *Mapping Memory in Translation*. Londres: Palgrave Macmillan.

Burke, Peter. 2005. «Lost (and Found) in Translation: A Cultural History of Translators and Translating in Early Modern Europe». Presentado en NIAS, Ámsterdam. https://nias.knaw.nl/wp-content/uploads/2018/01/KB_01_Peter-Burke.pdf [Último acceso: 17 de enero de 2024].

CAMPBELL, Madeleine, y Ricarda VIDAL. 2019a. «Entangled Journeys—An Introduction». En *Translating Across Sensory and Linguistic Borders. Intersemiotic Journeys between Media*, editado por Madeleine Campbell y Ricarda Vidal, xxv-xliv. Nueva York: Palgrave Macmillan.

— 2019b. «The Translator's Gaze: Intersemiotic Translation as Transactional Process». En *Translating Across Sensory and Linguistic Borders. Intersemiotic Journeys between Media*, editado por Madeleine Campbell y Ricarda Vidal, 1-36. Nueva York: Palgrave Macmillan.

— eds. 2024. *The Experience of Translation: Materiality and Play in Experiential Translation*. Londres/Nueva York: Routledge.

CARBONELL CORTÉS, Ovidi. 1995. «El discurso del Otro y su traducción: exotismo, ideología y nuevos cánones en la literatura en lengua inglesa». Tesis doctoral. Salamanca: Universidad de Salamanca.

CARBONELL CORTÉS, Ovidi, y Sue-Ann Harding. 2018. «Introduction: Translation and Culture». En *The Routledge Handbook of Translation and Culture*, editado por Sue-Ann Harding y Ovidi Carbonell Cortés, 1-13. Londres/Nueva York: Routledge.

CARRIÓN, Jorge. 2018. «La tradición indómita de Elena Poniatowska». *The New York Times*. https://www.nytimes.com/es/2018/05/27/espanol/america-latina/elena-poniatowska-indomitas.html [Último acceso: 15 de enero de 2024].

CARUTH, Cathy. 1995a. «Recapturing the Past: Introduction». En *Trauma: Explorations in Memory*, editado por Cathy Caruth, 151-157. Baltimore/Londres: The John Hopkins University Press.

— 1995b. «Trauma and Experience: Introduction». En *Trauma: Explorations in Memory*, editado por Cathy Caruth, 3-12. Baltimore/Londres: The John Hopkins University Press.

CASTRO, Olga, y Emek ERGUN, eds. 2017. *Feminist Translation Studies: Local and Transnational Perspectives*. Nueva York/Londres: Routledge.

CHILLÓN, Albert. 1998. «El "giro lingüístico" y su incidencia en el estudio de la comunicación periodística». *Anàlisi* 22: 63-98.

— 2010. *La condición ambigua. Diálogos con Lluís Duch*. Barcelona: Herder Editorial.

CIRIBUCO, Andrea. 2021. «Okra in Translation: Asylum Seekers, Food, and Integration». *Language, Culture and Society* 3 (1): 9-33.

CIRIBUCO, Andrea, y Anne O'CONNOR. 2022. «Translating the Object, Objects in Translation: Theoretical and Methodological Notes on Migration and Materiality». *Translation and Interpreting Studies. The Journal of the American Translation and Interpreting Studies Association* 17 (1): 1-13.

CONNERTON, Paul. 1989. *How Societies Remember*. Cambridge: Cambridge University Press.

CORTÁZAR, Julio. 1963/2018. *Rayuela*. Barcelona: Penguin Random House.

CRONIN, Michael. 2003. *Translation and Globalization*. Londres/Nueva York: Routledge.

— 2010. «The Translation Crowd». *Tradumàtica: traducció i tecnologies de la informació i la comunicació* 8: 1-7.

— 2017. *Eco-Translation: Translation and Ecology in the Age of the Anthropocene*. Nueva York/Londres: Routledge.

DAMASIO, Antonio R. 1994. *Descartes' Error: Emotion, Reason and the Human Brain*. Nueva York: Avon Books.

— 2003. *Looking for Spinoza: Joy, Sorrow and the Feeling Brain*. Londres: William Heinemann.

— 2004. «Emotions and Feelings: A Neurobiological Perspective». En *Feelings and Emotions: The Amsterdam Symposium*, editado por Antony S. R. Manstead, Nico Frijda, y Angeta Fischer, 49-57. Cambridge: Cambridge University Press.

— 2010. *Self Comes to Mind: Constructing the Conscious Brain*. Nueva York: Pantheon Books.

DAVIES, Peter. 2018. *Witness between Languages: The Translation of Holocaust Testimonies in Context*. Rochester: Camden House.

DAVIS, Kathleen. 2001. *Deconstruction and Translation*. Mánchester: St. Jerome.

DE CERTEAU, Michel. 1975/2006. *La escritura de la historia*. México D. F.: Universidad Iberoamericana. Traducción de Jorge López Moctezuma.

— 1986. *Heterologies: The Discourse on the Other*. Mineápolis/Londres: University of Minnesota Press. Traducción de Brian Massumi.

DEANE-COX, Sharon. 2013. «The Translator as Secondary Witness: Mediating Memory in Antelme's *L'espèce humaine*». *Translation Studies* 6 (3): 309-323.

— 2014/2016. *Retranslation: Translation, Literature and Reinterpretation*. Londres/Oxford/Nueva York/Nueva Delhi/Sídney: Bloomsbury.

— 2017. «Remembering, Witnessing and Translation: Female Experiences of the Nazi Camps». *translation: a transdisciplinary journal* 6 (2): 91-130.

DEANE-COX, Sharon, y Anneleen SPIESSENS. 2022a. «Introduction». En *The Routledge Handbook of Translation and Memory*, editado por Sharon Deane-Cox y Anneleen Spiessens, 1-10. Londres/Nueva York: Routledge.

— eds. 2022b. *The Routledge Handbook of Translation and Memory*. Londres/Nueva York: Routledge.

DERRIDA, Jacques. 1967/1986. *De la gramatología*. México D. F.: Siglo Veintiuno Editores. Traducción de Óscar del Barco y Conrado Ceretti.

— 1972/1982. *Positions*. Chicago: The University of Chicago Press. Traducción de Alan Bass.

— 1975/1997. *La diseminación*. Madrid: Fundamentos. Traducción de José Martín Arancibia.

— 1979. «Living On». En *Deconstruction and Criticism*, de Harold Bloom, Paul De Man, Jacques Derrida, Geoffrey H. Hartman, y J. Hillis Miller. Nueva York: A Continuum Book. Traducción de James Hulbert.

— 1982/1985. *The Ear of the Other: Otobiography, Transference, Translation*. Nueva York: Schocken Books. Traducción de Peggy Kamuf.

— 1985. «Des tours de Babel». En *Difference in Translation*, editado por Joseph F. Graham. Ithaca/Londres: Cornell University Press. Traducción de Joseph F. Graham.

— 1986/1989. *Mémoires for Paul de Man*. Nueva York: Columbia University Press. Traducción de Cecile Lindsay, Jonathan Culler, Eduardo Cadava, y Peggy Kamuf.

— 1989/1997. *El tiempo de una tesis. Desconstrucción e implicaciones conceptuales*. Barcelona: Proyecto A Ediciones. [No figuran datos sobre la traducción].

— 1994. *Márgenes de la filosofía*. Madrid: Cátedra. Traducción de Carmen González Marín.

— 1999. «Justice, Law and Philosophy —an interview with Jacques Derrida». *South African Journal of Philosophy* 18 (3): 279-286.

— 2000a. «El otro [autrui] es secreto porque es otro [autre]». Traducción de Cristina de Peretti y Paco Vidarte. https://redaprenderycambiar.com.ar/derrida/textos/derrida_otro.htm#_edn1.

— 2000b. «Hostipitality». *Angelaki: Journal of Theoretical Humanities* 5 (3): 3-18.

— 2001. «What Is a "Relevant" Translation?». *Critical Inquiry* 27 (2): 174-200. Traducción de Lawrence Venuti.

DUCH, Lluís. 1995/1998. *Mito, interpretación y cultura. Aproximación a la logomítica*. Barcelona: Herder Editorial. Traducción de Francesca Babí i Roca y Domingo Cía Lamana.

ECO, Umberto. 1962/1990. *Obra abierta*. Barcelona: Editorial Ariel. Traducción de Roser Berdagué.

— 1979/1993. *Lector in fabula. La cooperación interpretativa en el texto narrativo*. Barcelona: Lumen. Traducción de Ricardo Pochtar.

ERGUN, Emek. 2021. «Feminist Translation Ethics». En *The Routledge Handbook of Transla-*

tion and Ethics, editado por Kaisa Koskinen y Nike K. Pokorn, 114-130. Londres/Nueva York: Routledge.

EVANS, Richard J., (ed.) 1997/1999. *In Defense of History*. Nueva York/Londres: W. W. Norton and Company.

FEDERICI, Eleonora, y Marinela PARLATI. 2018. «Introduction». En *The Body Metaphor: Cultural Images, Literary Perceptions, Linguistic Representations*, editado por Eleonora Federici y Marilena Parlati, 7-15. Perugia: Morlacchi Editori.

FELMAN, Shoshana. 1992. «The Return of the Voice: Claude Lanzmann's *Shoah*». En *Testimony: Crises of Witnessing in Literature, Psychoanalysis, and History*, editado por Shoshana Felman y Dori Laub, 204-283. Nueva York/Londres: Routledge.

FERNÁNDEZ GIL, María Jesús. 2013. *Traducir el horror. La intersección de la ética, la ideología y el poder en la memoria del Holocausto*. Berlín: Peter Lang.

FERNÁNDEZ, Fruela. 2021. *Translating the Crisis: Politics and Culture in Spain after the 15M*. Londres/Nueva York: Routledge.

FERNÁNDEZ, Fruela, y Jonathan EVANS, eds. 2018. *The Routledge Handbook of Translation and Politics*. Londres/Nueva York: Routledge.

FLOOD, Finbarr B. 2009. *Objects of Translation: Material Culture and Medieval «Hindu-Muslim» Encounter*. Princeton: Princeton University Press.

FONTANILLE, Jacques. 2022. «Body, Emotion, and Semiosis: Translating Emotion into Action». En *Exploring the Translatability of Emotions: Cross-Cultural and Transdisciplinary Encounters*, editado por Susan Petrilli y Meng Ji, 137-161. Cham: Palgrave Macmillan.

FOUCAULT, Michel. 1969/1984. «¿Qué es un autor?». *Dialéctica* Año IX (16): 4-18. Traducción de Corina Yturbe.

— 1969/2002. *La arqueología del saber*. Buenos Aires: Siglo Veintiuno Editores Argentina. Traducción de Aurelio Garzón del Camino.

— 1970/2005. *El orden del discurso*. Buenos Aires: Fabula Tusquets Editores. Traducción de Alberto González Troyano.

— 1971/1979. «Nietzsche, la genealogía, la historia». En *Microfísica del poder*, de Michel Foucault, 7-29. Madrid: Las Ediciones de la Piqueta. Traducción de Julia Valera y Fernando Álvarez-Uría.

— 1975/1979. «Entrevista sobre la prisión: el libro y su método». En *Microfísica del poder*, de Michel Foucault, 87-101. Madrid: Las Ediciones de la Piqueta. Traducción de Julia Valera y Fernando Álvarez-Uría.

— 1976a/1979. «Curso del 7 de enero de 1976». En *Microfísica del poder*, de Michel Foucault, 125-137. Madrid: Las Ediciones de la Piqueta. Traducción de Julia Valera y Fernando Álvarez-Uría.

— 1976b/1979. «Curso del 14 de enero de 1976». En *Microfísica del poder*, de Michel Foucault, 139-52. Madrid: Las Ediciones de la Piqueta. Traducción de Julia Valera y Fernando Álvarez-Uría.

— 1976c/1979. «Preguntas a Michel Foucault sobre la geografía». En *Microfísica del poder*, de Michel Foucault, 111-124. Madrid: Las Ediciones de la Piqueta. Traducción de Julia Valera y Fernando Álvarez-Uría.

— 1977/1979. «Verdad y poder». En *Microfísica del poder*, de Michel Foucault, 175-189. Madrid: Las Ediciones de la Piqueta. Traducción de Julia Valera y Fernando Álvarez-Uría.

FREEMAN, Mark. 2010. «Telling Stories: Memory and Narrative». En *Memory: Histories, Theories, Debates*, editado por Susannah Radstone y Bill Schwarz, 263-277. Nueva York: Fordham University Press.

FREUD, Sigmund. 1913/2015. *The Interpretation of Dreams*. Nueva York: Dover Publications. Traducción de A.A. Brill.

— 1914/1959. «Further Recommendations in the Technique of Psycho-Analysis. Recollection, Repetition and Working Through». En *Collected Papers. Volume 2*, de Sigmund

Freud, 366-376. Nueva York: Basic Books. Traducción bajo la supervisión de Joan Riviere.

GAMBIER, Yves. 2016. «Rapid and Radical Changes in Translation and Translation Studies». *International Journal of Communication* 10: 887-906.

GAMBIER, Yves, y Luc VAN DOORSLAER. 2016. «Disciplinary Dialogues with Translation Studies: The Background Chapter». En *Border Crossings: Translation Studies and other disciplines*, editado por Yves Gambier y Luc van Doorslaer, 1-21. Ámsterdam/Filadelfia: John Benjamins Publishing Company.

GENTZLER, Edwin. 2001. *Contemporary Translation Theories*. Clevedon: Multilingual Matters.

— 2017. *Translation and Rewriting in the Age of Post-Translation Studies*. Londres/Nueva York: Routledge.

GOLDFAJN, Tal. 2023a. «Tanga, Tunic, Cleaver: On Things in Translation». *PMLA* 138 (3): 454-470.

— 2023b. «The Translator and the Pea: On Emotions and Objects in Translation». En *Intersemiotic Perspectives on Emotions*, editado por Susan Petrilli y Ji Meng, 45-62. Routledge.

GONZÁLEZ GONZÁLEZ, Daniuska. 2018. «"Los recuerdos del porvenir". El testimonio del residuo en "Voces de Chernóbil. Crónica del futuro" de Svetlana Alexiévich». *IC Revista Científica de Información y Comunicación* 15: 91-116.

GORDON, Dmitri. 2016. *Aleksievič. Životnoe Lukašenko, Putin, Nobelevskaja premija, Černobyl', Afganistan. V gostjah u Gordona* [*Alexiévich. El animal de Lukashenko, Putin, el Premio Nobel, Chernóbil, Afganistán. De visita en el estudio de Gordon*]. https://www.youtube.com/watch?v=CfOljJPIbS0 [Último acceso: 17 de enero de 2024].

GULDIN, Rainer. 1998/2020. «Metaphorics». En *Routledge Encyclopedia of Translation Studies*, editado por Mona Baker y Gabriela Saldanha, 324-329. Londres/Nueva York: Routledge.

HABER, Magalí. 2020. «¿Qué es el giro afectivo?». *Diferencia(s): revista de teoría social contemporánea* 6 (10): 13-16.

HALBWACHS, Maurice. 1925/2004. *Los marcos sociales de la memoria*. Barcelona: Anthropos Editorial. Traducción de Manuel A. Baeza y Michel Mujica.

HARTSOCK, John C. 2015. «The Literature in the Journalism of Nobel Prize Winner Svetlana Alexievich». *Literary Journalism Studies* 7 (2): 36-49.

HEDGES, Lawrence E. 2005. «Listening Perspectives for Emotional-Relatedness Memories». *Psychoanalytic Inquiry* 25: 455-483.

HERMANS, Theo. 2022. *Translation and History: A Textbook*. Nueva York/Londres: Routledge.

HERNADI, Paul. 1976. «Clio's Cousins: Historiography as Translation, Fiction, and Criticism». *New Literary History* 7 (2): 247-257.

HIRSCH, Marianne. 1997/2002. *Family Frames: Photography, Narrative, and Postmemory*. Cambridge, MA/Londres: Harvard University Press.

— 2012. *The Generation of Postmemory: Writing and Visual Culture After the Holocaust*. Nueva York: Columbia University Press.

HIRSCH, Marianne, y Leo SPITZER. 2010. «The Witness in the Archive: Holocaust Studies/Memory Studies». En *Memory: Histories, Theories, Debates*, editado por Susannah Radstone y Bill Schwarz, 390-405. Nueva York: Fordham University Press.

HNIADZKO, Iryna. 2018. «Svetlana Alexievich: Fiction and the Nonfiction of Confessions». Tesis doctoral. Providence: Universidad Brown.

HODGKIN, Katharine, y Susannah RADSTONE. 2003a. «Introduction: Contested Pasts». En *Regimes of Memory*, editado por Katharine Hodgkin y Susannah Radstone, 1-21. Londres/Nueva York: Routledge.

— 2003b. «Remembering Suffering Trauma and History: Introduction». En *Regimes of*

Memory, editado por Katharine Hodgkin y Susannah Radstone, 97-103. Londres/Nueva York: Routledge.

HOKKANEN, Sari, y Kaisa KOSKINEN. 2016. «Affect as a Hinge: The Translator's Experiencing Self as a Sociocognitive Interface». *Translation Spaces* 5 (1): 78-96.

HOWES, David. 2022. *The Sensory Studies Manifesto: Tracking the Sensorial Revolution in the Arts and Human Sciences*. Toronto: University of Toronto Press.

HRON, Madelaine. 2009. *Translating Pain: Immigrant Suffering in Literature and Culture*. Toronto: University of Toronto Press.

HUBSCHER-DAVIDSON, Séverine. 2018. *Translation and Emotion: A Psychological Perspective*. Nueva York/Londres: Routledge.

HUTCHEON, Linda. 1988. *A Poetics of Postmodernism: History, Theory, Fiction*. Nueva York/Londres: Routledge.

— 1989. *The Politics of Postmodernism*. Londres/Nueva York: Routledge.

INGHILLERI, Moira. 2017. *Translation and Migration*. Londres/Nueva York: Routledge.

ITALIANO, Federico. 2020. «The Dark Side: Introduction». En *The Dark Side of Translation*, editado por Federico Italiano, 1-15. Londres/Nueva York: Routledge.

— 2021. «Cartography and Translation: Mapping and Counter-Mapping the City». En *The Routledge Handbook of Translation and the City*, editado por Tong King Lee, 45-58. Londres/Nueva York: Routledge.

JABLONKA, Ivan. 2014/2016. *La historia es una literatura contemporánea. Manifiesto por las ciencias sociales*. Buenos Aires: Fondo de Cultura Económica. Traducción de Horacio Pons.

JAGER, Eric. 2004. *The Last Duel: A True Story of Crime, Scandal, and Trial by Combat in Medieval France*. Nueva York: Broadway Books.

JAKOBSON, Roman. 1959/1971. «On Linguistic Aspects of Translation». En *Selected Writings II: Word and Language*, de Roman Jakobson, 260-266. La Haya/París: Mouton.

JENKINS, Keith. 1991/2003. *Re-Thinking History*. Nueva York/Londres: Routledge.

JIMÉNEZ-Crespo, Miguel A. 2020. «The "Technological Turn" in Translation Studies: Are We There Yet? A Transversal Cross-Disciplinary Approach». *Translation Spaces* 9 (2): 314-341.

JONES, Jeffrey W. 2017. «Mothers, Prostitutes, and the Collapse of the USSR: the Representation of Women in Svetlana Aleksievich's *Zinky Boys*». *Canadian Slavonic Papers* 59 (3-4): 234-258.

JÜNKE, Claudia. 2023. «Transcultural Memory and Literary Translation: Mapping the Field (with a Case Study on Lydie Salvayre's *Pas Pleurer* and Its Spanish Translation)». *Memory Studies* 16 (5): 1280-1297.

JÜNKE, Claudia y SCHYNS, Désirée. 2024. «Introduction: Translating Memories of Violent Pasts». En *Translating Memories of Violent Pasts*, editado por Claudia Jünke y Désirée Schyns, 1-8. Nueva York/Londres: Routledge.

KARPUSHEVA, Anna. 2017. «Svetlana Aleksievich's *Voices from Chernobyl*: Between an Oral History and a Death Lament». *Canadian Slavonic Papers* 59 (3-4): 259-280.

— 2020. «Fighting a War: Svetlana Alexievich's Prose between History and Literature». Tesis doctoral. Kansas City: Universidad de Kansas.

KOSKINEN, Kaisa. 2020. *Translation and Affect: Essays on Sticky Affects and Translational Affective Labour*. Ámsterdam/Filadelfia: John Benjamins Publishing Company.

KOSKINEN, Kaisa, y Nike K. POKORN. 2021. «Ethics and Translation: An Introduction». En *The Routledge Handbook of Translation and Ethics*, editado por Kaisa Koskinen y Nike K. Pokorn, 1-10. Londres/Nueva York: Routledge.

KRISTEVA, Julia. 1967/1997. «Bajtín, la palabra, el diálogo y la novela». En *Intertextualité. Francia en el origen de un término y el desarrollo de un concepto*, editado por Desiderio Navarro. La Habana: UNEAC/Casa de las Américas/Embajada de Francia en Cuba. Traducción de Desiderio Navarro.

— 1969/1981. *Semiótica 1*. Madrid: Fundamentos. Traducción de José Martín Arancibia.

— 1969/1988. *El lenguaje, ese desconocido. Introducción a la lingüística*. Madrid: Fundamentos. Traducción de María Antoranz.

KUNDERA, Milan. 1978/1993. *El libro de la risa y el olvido*. Barcelona: Seix Barrel. Traducción de Fernando de Valenzuela.

KUROSAWA, Akira, dir. 1950. *Rashōmon*.

LACAPRA, Dominick. 1983/1994. *Rethinking Intellectual History: Texts, Conttexts, Language*. Ithaca/Londres: Cornell University Press.

— 1985. *History and Criticism*. Ithaca/Londres: Cornell University Press.

— 1998. *History and Memory after Auschwitz*. Ithaca/Londres: Cornell University Press.

— 2001/2014. *Writing History, Writing Trauma*. Baltimore: John Hopkins University Press.

— 2004. *History in Transit: Experience, Identity, Critical Theory*. Ithaca/Londres: Cornell University Press.

— 2009. *History and Its Limits: Human, Animal, Violence*. Ithaca/Londres: Cornell University Press.

LAMBERT, Joseph. 2023. *Translation Ethics*. Londres/Nueva York: Routledge.

LAUB, Dori. 1992a. «An Event without a Witness: Truth, Testimony and Survival». En *Testimony: Crises of Witnessing in Literature, Psychoanalysis, and History*, editado por Shoshana Felman y Dori Laub, 75-92. Nueva York/Londres: Routledge.

— 1992b. «Bearing Witness, or the Vicissitudes of Listening». En *Testimony: Crises of Witnessing in Literature, Psychoanalysis, and History*, editado por Shoshana Felman y Dori Laub, 57-74. Nueva York/Londres: Routledge.

LEE, Tong King, (ed.) 2021. *The Routledge Handbook of Translation and the City*. Londres/Nueva York: Routledge.

— 2022. *Translation as Experimentalism*. Cambridge: Cambridge University Press.

LEIVA ROJO, Jorge. 2020. «Qué (no) se traduce al español en los museos de la ciudad de Nueva York. Un estudio basado en corpus». *Onomázein* número especial VII: 83-107.

LINDBLADH, Johanna. 2017. «The polyphonic performance of testimony in Svetlana Aleksievich's *Voices from Utopia*». *Canadian Slavonic Papers* 59 (3-4): 281-312.

LINDEMANN LINO, Verena. 2021. *Remembering World War II Refugees in Contemporary Portugal: A Translational Perspective on Transcultural Memory*. Berlín: De Gruyter.

LITTAU, Karin. 2011. «First Steps towards a Media History of Translation». *Translation Studies* 4 (3): 261-281.

— 2016. «Translation and the Materialities of Communication». *Translation Studies* 9 (1): 82-96.

LLEDÓ, Emilio. 1992/2015. *El surco del tiempo*. Barcelona: Austral.

LOTMAN, Yuri. 1978/1992. *Izbrannye stat'i v treh tomah. TOM I: Stat'i po semiotike i topologii kul'tury* [*Selección de artículos en tres volúmenes. Volumen I: Artículos sobre semiótica y topología de la cultura*]. Tallin: Alexandra.

LUGARIĆ VUKAS, Danijela. 2014. «Witnessing the Unspeakable: On Testimony and Trauma in Svetlana Alexievich's *The War's Unwomanly Face* and *Zinky Boys*». *Kul'tura i tekst (Altajskij gosudarstvennyj pedagogičeskij universitet)* 18: 19-39.

LYOTARD, Jean-François. 1979/1991. *La condición postmoderna. Informe sobre el saber*. Madrid: Cátedra. Traducción de Mariano Antolín Rato.

MANENTI, Davide. 2015. «Unshed Tears: Meaning, Trauma and Translation». En *Katherine Mansfield and Translation*, editado por Claire Davison, Gerri Kimber, y Todd Martin, 63-75. Edimburgo: Edinburgh University Press.

MARAIS, Kobus. 2019. *A (Bio)semiotic Theory of Translation: The Emergence of Social-Cultural Reality*. Londres/Nueva York: Routledge.

— (ed.) 2023. *Translation beyond Translation Studies*. Londres/Nueva York/ Oxford/Nueva Delhi/Sídney: Bloomsbury Academic.

MARCHESINI, Irina. 2017. «A New Literary Genre. Trauma and the Individual Perspective in Svetlana Aleksievich's *Chernobyl'skaia Molitva*». *Canadian Slavonic Papers* 59 (3-4): 313-329.

MARTÍN RUANO, M. Rosario. 2022a. «De evoluciones y retos en la investigación traductológica del siglo xxi». *TRANS: Revista de Traductología*, 26 (diciembre): 43-63.

— 2022b. «Posestructuralismo». En *ENTI (Enciclopedia de traducción e interpretación)*. Alicante: AIETI. https://www.aieti.eu/enti/poststructuralism_SPA/entrada.html [Último acceso: 5 diciembre de 2023].

MCFARLANE, Alexander C., y Bessel A. VAN DER KOLK. 1996. «Trauma and Its Challenge to Society». En *Traumatic Stress: The Effects of Overwhelming Experience on Mind, Body, and Society*, editado por Bessel A. van der Kolk, Alexander C. McFarlane, y Lars Weisaeth, 24-46. Nueva York/Londres: The Guilford Press.

MCKENZIE, Laura. 2021. «"Through Blackening Pools of Blood": Trauma and Translation in Robert Graves's *The Anger of Achilles*». *Journal of Medical Humanities* 42 (2): 253-261.

MEIX IZQUIERDO, Francisco. 1993/1994. *La dialéctica del significado lingüístico*. Salamanca: Ediciones Universidad de Salamanca.

MERRIDALE, Catherine. 2010. «Soviet Memories: Patriotism and Trauma». En *Memory: Histories, Theories, Debates*, editado por Susannah Radstone y Bill Schwarz, 376-389. Nueva York: Fordham University Press.

MERRILL, Christi. 2017. «Dalit Consciousness and Translating Consciousness: Narrating Trauma as Cultural Translation». *translation. a transdisciplinary journal* 5: 47-64.

MICHIENZI, Rossella. 2015. «La traduzione del trauma: dallo studio dei linguaggi della memoria alla proposta di un modello traduttivo a partire dai racconti letterari e biografici sui desaparecidos argentini». Tesis doctoral. Rende: Universidad de Calabria.

MILLÁS, Juan José. 2009. «Las palabras de nuestra vida». Presentado en Ciclo de Premios Nacionales de Literatura, Madrid. http://dueloliterae.blogspot.com/2015/04/las-palabras-de-nuestra-vida-por-juan.html [Último acceso: 10 de octubre de 2023].

MINORS, Helen Julia. 2012. *Music, Text and Translation*. Nueva York: Bloomsbury Publishing.

MUNSLOW, Alun. 1997. *Deconstructing History*. Londres/Nueva York: Routledge.

— 2012. *A History of History*. Londres/Nueva York: Routledge.

— 2017. «History, Skepticism and the Past». *Rethinking History* 21 (4): 474-488.

MYERS, Holly. 2017. «Svetlana Aleksievich's changing narrative of the Soviet-Afghan War in *Zinky Boys*». *Canadian Slavonic Papers* 59 (3-4): 330-354.

NERGAARD, Siri. 2017. «Presentation». *translation: a transdisciplinary journal* 6 (2): 9-11.

— 2021. *Translation and Transmigration*. Londres/Nueva York: Routledge.

NERGAARD, Siri, y Stefano ARDUINI. 2011. «Translation: A New Paradigm». *translation: a transdisciplinary journal* 1 (1): 8-17.

NGUYEN, Nathalie Huynh Chau. 2021. «The Past in the Present: Life Narratives and Trauma in the Vietnamese Diaspora». En *Translating Worlds: Migration, Memory, and Culture*, editado por Susannah Radstone y Rita Wilson, 41-55. Nueva York/Londres: Routledge.

NIRANJANA, Tejaswini. 1992. *Siting Translation: History, Post-Structuralism, and the Colonial Context*. Berkley: University of California Press.

NORA, Pierre. 1978/1996. «General Introduction: Between Memory and History». En *Realms of Memory: Rethinking the French Past. Volume I: Conflicts and Divisions*, editado por Pierre Nora. 1-20. Nueva York: Columbia University Press. Traducción de Arthur Goldhammer.

NORRIS, Christopher. 2015. «On Deconstruction and Art: Conversation with Jacques Derrida». En *Deconstruction after All: Reflections and Conversations*, de Christopher Norris. Brighton/Chicago/Toronto: Sussex Academic Press.

NURCZYNSKI, Melissa. 2020. «Svetlana Alexievich and the Polyphonic Translation Model of Literary Journalism». *Literary Journalism Studies* 12 (2): 85-95.

OUSHAKINE, Serguei Alex. 2016. «Neighbours in Memory. Svetlana Alexievich: The First Major Postcolonial Author of Post-Communism». *The Times Literary Supplement*.

PANICO, Mario. 2020. «Posmemoria, traducción y montaje del recuerdo». *Tópicos del Seminario*, 44 (diciembre): 29-49. Traducción de Susana A. Rodríguez.

PAZ, Octavio. 1956/2003. *El arco y la lira*. México D. F.: Fondo de Cultura Económica.

— 1975/1985. *Pasado en claro*. México D. F.: Fondo de Cultura Económica.

PERNAU, Margrit. 2014. «Space and Emotion: Building to Feel». *History Compass* 12 (7): 541-549.

— 2019. *Emotions and Modernity in Colonial India: From Balance to Fervor*. Oxford: Oxford University Press.

PERNAU, Margrit, e Imke RAJAMANI. 2016. «Emotional Translations: Conceptual History Beyond Language». *History and Theory* 55 (1): 46-65.

PESTRE, Élise, y Fethi BENSLAMA. 2011. «Translation and Trauma». *Recherches en psychanalyse* 11 (1): 18-28.

PETRILLI, Susan. 2022. «Introduction: Signifying Emotions and Their Necessary Translation». En *Exploring the Translatability of Emotions: Cross-Cultural and Transdisciplinary Encounters*, editado por Susan Petrilli y Meng Ji, 1-47. Cham: Palgrave Macmillan.

— 2023. «Introduction». En *Intersemiotic Perspectives on Emotions: Translating across Signs, Bodies and Values*, editado por Susan Petrilli y Meng Ji, 1-21. Londres/Nueva York: Routledge.

PETRILLI, Susan, y Meng JI, eds. 2022. *Exploring the Translatability of Emotions: Cross-Cultural and Transdisciplinary Encounters*. Cham: Palgrave Macmillan.

— eds. 2023. *Intersemiotic Perspectives on Emotions: Translating across Signs, Bodies and Values*. Londres/Nueva York: Routledge.

PETRILLI, Susan, y Augusto PONZIO. 2023. «Emotions from Identity to Alterity, and Their Possible Translation». En *Intersemiotic Perspectives on Emotions: Translating across Signs, Bodies and Values*, editado por Susan Petrilli y Meng Ji, 25-44. Londres/Nueva York: Routledge.

PETROWSKAJA, Katja. 2014/2018. *Maybe Esther: A Family Story*. Nueva York: Harper. Traducción de Shelley Laura Frisch.

PILLEN, Alex. 2016. «Language, Translation, Trauma». *Annual Review of Anthropology* 45 (octubre): 95-111.

PINKHAM, Sophie. 2016. «Witness Tampering. Nobel Laureate Svetlana Alexievich crafts myths, not histories». *The New Republic*. https://newrepublic.com/article/135719/witness-tampering [Último acceso: 15 de enero de 2024].

PIZARNIK, Alejandra. 1968/2023. «Figuras de la ausencia». En *Poesía completa*, de Alejandra Pizarnik, 281-296. Madrid: Lumen.

PONIATOWSKA, Elena. 1971/2017. *La noche de Tlatelolco. Testimonios de historia oral*. México D. F.: Ediciones Era.

POTTER, Jonathan. 1996/2004. *Representing Reality. Discourse, Rhetoric and Social Construction*. Londres/Thousand Oaks/Nueva Delhi: Sage Publications.

POTTER, Jonathan, y Margaret WETHERELL. 1987. *Discourse and Social Psychology: Beyond Attitudes and Behaviour*. Londres/Newbury Park/Beverly Hills/Nueva Delhi: Sage Publications.

PROUST, Marcel. 1913/2009. *En busca del tiempo perdido. Tomo 1*. Miami: El Cid Editor. [no hay datos sobre la traducción].

RADSTONE, Susannah. 2000. «Working with Memory: An Introduction». En *Memory and Methodology*, editado por Susannah Radstone, 1-22. Londres/Nueva York: Bloomsbury Academic.

— 2005. «Reconceiving Binaries: The Limits of Memory». *History Workshop Journal* 59: 134-150.

— 2021. «The Lost Clock: Remembering and Translating Enigmatic Messages from Migrant Objects». En *Translating Worlds: Migration, Memory, and Culture*, editado por Susannah Radstone y Rita Wilson, 13-26. Nueva York/Londres: Routledge.

Radstone, Susannah, y Katharine Hodgkin. 2003. «Propping the Subject: Introduction». En *Regimes of Memory*, editado por Susannah Radstone y Katharine Hodgkin, 55-60. Londres/Nueva York: Routledge.

Radstone, Susannah, y Rita Wilson. 2021a. «Introduction: Translating Worlds: Approaching Migration through Memory and Translation Studies». En *Translating Worlds: Migration, Memory, and Culture*, editado por Susannah Radstone y Rita Wilson, 1-9. Nueva York/Londres: Routledge.

— eds. 2021b. *Translating Worlds: Migration, Memory, and Culture*. Nueva York/Londres: Routledge.

Rafael, Vicente L. 1988/1993. *Contracting Colonialism. Translation and Christian Conversion in Tagalog Society under Early Spanish Rule*. Durham/Londres: Duke University Press.

— 2023. «The Experience of Translation». En *Time, Space, Matter in Translation*, editado por Simona Bertacco, Tatjana Soldat-Jaffe, y Pamela Beattie, 19-32. Londres/Nueva York: Routledge.

Ricoeur, Paul. 1984/2004. *Tiempo y narración I. Configuración del tiempo en el relato histórico*. México D. F.: Siglo Veintiuno Editores. Traducción de Agustín Neira.

— 1984/2008. *Tiempo y narración II. Configuración del tiempo en el relato de ficción*. México D. F.: Siglo Veintiuno Editores. Traducción de Agustín Neira.

— 1985/2009. *Tiempo y narración III. El tiempo narrado*. México D. F.: Siglo Veintiuno Editores. Traducción de Agustín Neira.

— 2000/2004. *La memoria, la historia, el olvido*. México D. F.: Fondo de Cultura Económica. Traducción de Agustín Neira.

Robinson, Douglas. 1991. *The Translator's Turn*. Baltimore/Londres: The John Hopkins University Press.

— 2017. *Translationality: Essays in the Translational-Medical Humanities*. Londres/Nueva York: Routledge.

— 2023. *Priming Translation: Cognitive, Affective, and Social Factors*. Nueva York/Londres: Routledge.

Rodríguez Arcos, Irene. 2019. *Traducción y violencia simbólica. Post-traducciones del cuerpo femenino en los medios de comunicación*. Granada: Comares.

Rojo López, Ana María. 2022. «Emociones». En *ENTI (Enciclopedia de traducción e interpretación)*. Alicante: AIETI. https://www.aieti.eu/enti/emotions_SPA/entrada.html [Último acceso: 5 diciembre de 2023].

Rorty, Richard. 1967/1992. «Introduction: Metaphilosophical Difficulties of Linguistic Philosophy». En *The Linguistic Turn: Essays in Philosophical Method with Two Retrospective Essays*, editado por Richard Rorty, 1-39. Chicago: University of Chicago Press.

Rosenstone, Robert A. 2005. *The Man Who Swam into History: The (Mostly) True Story of My Jewish Family*. Austin: University of Texas Press Austin.

Rudenia, Katsiaryna. 2019. «La polifonía de voces en las novelas de Svetlana Aleksiévich». *Mundo Eslavo*, 18: 263-273.

Rundle, Christopher, (ed.) 2022. *The Routledge Handbook of Translation History*. Nueva York/Londres: Routledge.

Rushdie, Salman. 1981/1991. *Imaginary Homelands*. Londres: Granta Books/Penguin.

Saramago, José. 2003/2012. «Todo son traducciones, todos somos traductores». En *Actas del IV Congreso Latinoamericano de Traducción e Interpretación*. Buenos Aires: Colegio de Traductores Públicos de la Ciudad de Buenos Aires. http://biblio.traductores.org.ar/cgi-bin/koha/opac-detail.pl?biblionumber=5527&query_

desc=kw%2Cwrdl%3A%20saramago [Último acceso: 2 de febrero de 2024].

— 2009. «Traduzir». *Outros Cadernos de Saramago* (blog). https://caderno.josesaramago.org/49912.html [Último acceso: 2 de febrero de 2024].

SAUSSURE, Ferdinand de. 1916/1945. *Curso de lingüística general*. Buenos Aires: Losada. Traducción de Amado Alonso.

SCOTT, Clive. 2019. «Synaesthesia and Intersemiosis: Competing Principles in Literary Translation». En *Translating Across Sensory and Linguistic Borders. Intersemiotic Journeys between Media*, editado por Madeleine Campbell y Ricarda Vidal, 87-111. Nueva York: Palgrave Macmillan.

SCOTT, Ridley, dir. 2021. *The Last Duel*.

SIMON, Sherry. 2012. *Cities in Translation: Intersections of Language and Memory*. Londres/Nueva York: Routledge.

— 2019. *Translation Sites: A Field Guide*. Londres/Nueva York: Routledge.

— 2021. «The Translational City». En *The Routledge Handbook of Translation and the City*, editado por Tong King Lee, 15-25. Londres/Nueva York: Routledge.

— 2023. «Foreword: Thinking Translationally». En *Time, Space, Matter in Translation*, editado por Simona Bertacco, Tatjana Soldat-Jaffe, y Pamela Beattie, xii-xv. Londres/Nueva York: Routledge.

SIMON, Sherry, y Loredana POLEZZI. 2022. «Translation and the Material Experience of Migration: A Conversation». *Translation and Interpreting Studies. The Journal of the American Translation and Interpreting Studies Association* 17 (1): 154-167.

SOLZHENITSYN, Aleksandr. 1973-1975/2016. *Arhipelag Gulag (1918-1956). Opyt hudožestvennogo issledovanija. Chasti I-II* [*Archipiélago Gulag (1918-1956) Experimento de investigación literaria. Partes I y II*]. Moscú: Vremja.

SPIEGEL, Gabrielle M. 2005. «Introduction». En *Practicing History: New Directions in Histor-*

ical Writing after the Linguistic Turn, editado por Gabrielle M. Spiegel, 1-31. Nueva York/Londres: Routledge.

SPIVAK, Gayatri Chakravorty. 1993/2013. «Can the Subaltern Speak?». En *Colonial Discourse and Post-Colonial Theory: A Reader*, editado por Patrick Williams y Laura Chrisman, 66-111. Londres/Nueva York: Routledge.

ST. ANDRÉ, James. 2010. «Translation and Metaphor: Setting the Terms». En *Thinking through Translation with Metaphors*, editado por James St. André, 1-16. Londres/Nueva York: Routledge.

STEINER, George. 1975/1976. *After Babel: Aspects of Language and Translation*. Londres/Oxford/Nueva York: Oxford University Press.

STOICEA, Gabriela. 2006. «The Difficulties of Verbalizing Trauma: Translation and the Economy of Loss in Claude Lanzmann's "Shoah"». *The Journal of the Midwest Modern Language Association* 39 (2): 43-53.

STURGE, Kate. 2007. *Representing Others: Translation, Ethnography and Museum*. Londres/Nueva York: Routledge.

SZEWCZENKO, Ludmiła. 2018. «Poètika dokumentalizma v knige Svetlany Aleksievič *Vremja sekond hènd* [La poética del documentalismo en el libro de Svetlana Alexiévich *El fin del "Homo sovieticus"*]». *Slavia Orientalis* LXVII (2): 249-265.

TABAKOWSKA, Elżbieta. 2016. «Emotional Valuation: Values and Emotions in Translation». En *Translating Values: Evaluative Concepts in Translation*, editado por Piotr Blumczynski y John Gillespie, 37-56. Londres: Palgrave Macmillan.

TAL, Kalí. 1996. *Worlds of Hurt: Reading the Literatures of Trauma*. Cambridge: Cambridge University Press.

TOLOKOLNIKOVA, Katerina. 2016. «Svetlana Aleksievič: "Vam, ukraincam, možno pozavidovat'" [Svetlana Alexiévich: "A vosotros, ucranianos, os podemos tener envidia"]». *Detector Media*. https://detector.media/community/article/114220/2016-04-09-svetlana-aleksyevych-vam-ukrayntsam-mozhno-pozavydovat/ [Último acceso: 15 de enero de 2024].

TOLSTÓI, Liev. 1865-1869/2003. *Guerra y paz*. Madrid: Taller de Mario Muchnik. Traducción de Lydia Kúper.

VALDEÓN, Roberto A. 2014. *Translation and the Spanish Empire in the Americas*. Ámsterdam/Filadelfia: John Benjamins Publishing Company.

VAN DER KOLK, Bessel A. 2014. *The Body Keeps the Score: Brain, Mind, and Body in the Healing of Trauma*. Nueva York: Viking.

VAN DER KOLK, Bessel A., y Rita FISLER. 1995. «Dissociation and the Fragmentary Nature of Traumatic Memories: Overview and Exploratory Study». *Journal of Traumatic Stress* 8 (4): 505-525.

VAN DER KOLK, Bessel A., Alexander C. MCFARLANE, y Onno VAN DER HART. 1996/2007. «A General Approach to Treatment of Posttraumatic Stress Disorder». En *Traumatic Stress: The Effects of Overwhelming Experience on Mind, Body, and Society*, editado por Bessel A. van der Kolk, Alexander C. McFarlane, y Lars Weisaeth, 417-440. Nueva York/Londres: The Guilford Press.

VAN DER KOLK, Bessel A., Onno VAN DER HART, y Charles R. MARMAR. 1996/2007. «Dissociation and Information Processing in Posttraumatic Stress Disorder». En *Traumatic Stress: The Effects of Overwhelming Experience on Mind, Body, and Society*, editado por Bessel A. van der Kolk, Alexander C. McFarlane, y Lars Weisaeth, 303-327. Nueva York/Londres: The Guilford Press.

VARGAS LLOSA, Mario. 2020. «La historia omitida». *El País*. https://elpais.com/opinion/2020-10-18/la-historia-omitida.html [Último acceso: 15 de enero de 2024].

VENUTI, Lawrence. 2004. «Retranslations: The Creation of Value». En *Translation and Culture*, editado por Katherine M. Faull, 25-39. Lewisburg: Bucknell University Press.

VEYNE, Paul. 1971/1984. *Cómo se escribe la historia. Foucault revoluciona la historia.*

Madrid: Alianza Editorial. Traducción de Joaquina Aguilar.

VIDAL CLARAMONTE, M.ª Carmen África. 1998. *El futuro de la traducción. Últimas teorías, nuevas aplicaciones*. Valencia: Institució Alfons el Magnànim.

— 2005. *En los límites de la traducción*. Granada: Comares.

— 2010. *Traducción y asimetría*. Fráncfort del Meno: Peter Lang.

— 2012. *La traducción y los espacios: viajes, mapas, fronteras*. Granada: Comares.

— 2017. *Dile que le he escrito un blues: del texto como partitura a la partitura como traducción en la literatura latinoamericana*. Fráncfort del Meno/Madrid: Iberoamericana/Vervuert.

— 2018. *La traducción y la(s) historia(s). Nuevas vías para la investigación*. Granada: Comares.

— 2019. «Translating Oral Micro-Histories Ethically: The Case of Elena Poniatowska». *Translation & Interpreting* 11 (2): 69-86.

— 2022. *Translation and Contemporary Art: Transdisciplinary Encounters*. Nueva York: Routledge.

— 2023. *Translation and Repetition: Rewriting (Un)original Literature*. Nueva York/Londres: Routledge.

— 2024. *Translation and Objects. Rewriting Migrancy and Displacement through the Materiality of Art*. Nueva York/Londres: Routledge.

— 2025. *Translating Non-Western Knowledges. Towards a Sensuous Translation*. Nueva York/Londres: Routledge. [en prensa].

VIDAL CLARAMONTE, M.ª Carmen África, y Pamela FABER. 2017. «Translation and Food: The Case of Mestizo Writers». *Journal of Multicultural Discourses* 12 (3): 189-204.

VILLANUEVA, Darío. 2021/2022. *Morderse la lengua: corrección política y posverdad*. Barcelona: Espasa.

VIOLI, Patrizia. 2014/2017. *Landscapes of Memory: Trauma, Space, History*. Oxford: Peter Lang. Traducción de Alastair McEwen.

VON FLOTOW, Luise, y Hala KAMAL, eds. 2021. *The Routledge Handbook of Translation, Feminism and Gender*. Londres/Nueva York: Routledge.

WACHOWSKA, Judyta. 2017. «Narrar la(s) guerra(s) con las voces de mujeres: memoria, género y emociones. Una mirada comparada». *Studia Romanica Posnaniensia* 44 (1): 115-128.

WALKER, Janet. 2003. «The Traumatic Paradox: Autobiographical Documentary and the Psychology of Memory». En *Regimes of Memory*, editado por Katharine Hodgkin y Susannah Radstone, 104-119. Londres/Nueva York: Routledge.

WESTMARK, Cara J., y James S. MALTER. 2009. «Translating Memories: The Role of Protein Biosynthesis in Synaptic Plasticity». En *Protein Biosynthesis*, editado por Toma E. Esterhouse y Lado B. Petrinos, 195-224. Nueva York: Nova Science Publishers.

WHITE, Hayden. 1978. *Tropics of Discourse. Essays in Cultural Criticism*. Baltimore/Londres: The John Hopkins University Press.

— 1986. «Historical Pluralism». *Critical Inquiry* 12: 480-493.

— 1987/1990. *The Content of the Form. Narrative Discourse and Historical Representation*. Baltimore/Londres: The John Hopkins University Press.

WILDE, Oscar. 1888/1997. *The Critic as Artist*. Copenhague: Green Integer.

WILSON, Rita. 2012. «Response». *Translation Studies* 6 (1): 107-111.

WITH BASHIR, Waltz. 2019. «Coping with Trauma as an Act of Translation». En *Translating the Visual*, editado por Rachel Weissbrod y Ayelet Kohn, 89-114. Nueva York/Londres: Routledge.

WOLF, Michaela. 2007. «Introduction. The Emergence of a Sociology of Translation». En *Constructing a Sociology of Translation*, editado por Michaela Wolf y Alexandra Fukari, 1-36. Ámsterdam/Filadelfia: John Benjamins Publishing Company.

ZEPINIC, Vito. 2012. *The Self and Complex Trauma*. Bloomington: Xlibris.

ZWISCHENBERGER, Cornelia. 2019. «From Inward to Outward: the Need for Translation Studies to Become Outward-Going». *The Translator* 25 (3): 256-268.

colección

INTERLINGUA

Directores: PEDRO SAN GINÉS AGUILAR • ANA BELÉN MARTÍNEZ LÓPEZ